D1565734

SIN COMPLEJOS

Guía para jóvenes LGTB

Jesús Generelo

BARCELONA-MADRID

© Jesús Generelo, 2007

© Editorial Egales, S.L. 2007
Cervantes, 2. 08002 Barcelona. Tel. 93 412 52 61
Hortaleza, 64. 28004 Madrid. Tel. 91 522 55 99
www.editorialegales.com

ISBN: 978-84-88052-29-2
Depósito legal: M-5583-2007

Maquetación y diseño gráfico: Cristihan González

Diseño de cubierta: Nieves Guerra

Imprensión: INFOPRINT

ÍNDICE

Soy gay, lesbiana o bisexual, ¿y qué? **9**
Pequeñas y grandes confusiones 11
Las prácticas sexuales y la orientación........................12
¿Quién es transexual? 13

¿Cómo reconocernos como lesbianas, gays,
bisexuales o heterosexuales? **15**
Etapas del proceso de descubrimiento de la homosexualidad......16

¿Por qué somos así? ¿Realmente nos importa? **19**
La influencia de los padres y las madres 20

Abajo con los estereotipos **22**

¿Quién está enfermo aquí? **27**

La homofobia, un monstruo de muchas cabezas **29**
Homofobia interiorizada...30

¿Qué dice la ley?...**32**

El armario: ¿un lugar para vivir o un sitio del que salir? **35**

Entonces, ¿me quedo en el armario? 36

Salir del armario de la familia 37

El armario y los/as amigos/as 40

El armario escolar 43

La expulsión del armario 44

La soledad **47**

Hablando se entiende la gente 48

Y si el que escucha te entiende, mejor que mejor 50

El amor, aunque triste, es lo más bello que existe **52**

¿Cómo declararse? 53

Al fin y al cabo, ¿qué puede pasar si me declaro?....................54

Gritarlo a todo el mundo 55

Sexo, esa palabra mágica..**57**

¿Cómo se hace? 58

¿Sexo con riesgos? No, gracias 59

Mi propia familia **61**

Nuestros hijos 62

¿Y si somos religiosos?..**64**

Otras religiones 65

La historia no es siempre aburrida... ni heterosexual..............**67**

Otras culturas, otras formas de entender el sexo......................68

Borrados de la Historia 69

Reaparición en el siglo XX 70

En España, mientras tanto..71

¿Ha habido lesbianas y gays importantes en España? 72

El Orgullo Gay y otros símbolos **74**

Manifestación del Orgullo 75

Bandera del arco iris 76

Triángulo rosa 77

Himnos 77

El gueto 81

¿Qué podemos leer?...**83**

Libros de autoayuda 86

¿Existimos en el cine? **89**

Soy lesbiana, soy gay, ¿dónde puedo ir ahora? **96**

Pon una asociación en tu vida 97

Grupos de jóvenes 99

Grupos de deportes..100

Grupos de amistad gay-heterosexual 100

¿Qué ofrece a los jóvenes el ambiente?.................101

Enredándonos en la red **103**

Los riesgos de internet 103

Para entendernos: vocabulario que debemos controlar.........**107**

Teléfonos y direcciones útiles **113**

Colectivos LGTB 114

Programas de atención e información......................130

Páginas web 131

Despedida (por el momento) **133**

Soy gay, lesbiana o bisexual, ¿y qué?

Ser gay, lesbiana o bisexual no es tan importante. En realidad, la importancia la dan los demás al hacer de esta cuestión un problema donde no hay tal problema. Cada persona tiene una determinada orientación sexual. Es decir, que nos sentimos atraídos sentimental y físicamente por otras personas. Esas personas pueden ser de diferente sexo que nosotros (entonces somos heterosexuales), pueden ser del mismo sexo (somos homosexuales), o pueden ser, indistintamente, de un sexo u otro (y somos bisexuales).

Si somos chicas homosexuales, somos lesbianas; y si somos chicos homosexuales, somos gays. Y no hay mayor problema. Es verdad que la mayoría de la gente se siente atraída por las personas del sexo contrario, pero eso no quiere decir nada. Se calcula que un 10% de la población es gay o lesbiana. Pero el número no es importante. Lo fundamental es que cada uno nos sintamos a gusto con nuestra forma de vivir.

Algunos consideran que la heterosexualidad es lo «normal» y la relacionan con el amor, con formar una familia, con una boda con muchos invitados, etc. Sin embargo, lo de la homosexualidad les suena raro, lo relacionan más con puro sexo, e incluso vicio. Y no es así. Tanto la heterosexualidad como la homosexualidad o la bisexualidad hacen referencia al sexo, evidentemente, pero concebido de una manera general: ternura, amor, comunicación, posibilidad de formar una pareja, una familia...

Los bisexuales a veces todavía sufren más incomprensión. Se piensa de ellos que «le dan a todo» por puro vicio, que tendrían que elegir, que lo que quieren es llevar una vida «ligera», con muchas parejas. No es así. Los bisexuales, que pueden ser chicos y chicas, simplemente tienen capacidad para amar tanto a hombres como a mujeres. Pero eso no quiere decir que deseen al mismo tiempo a todo el mundo.

Una cosa debe quedar clara desde el principio: la orientación sexual no es elegida. Se siente lo que se siente y se es como se es. Lo que se puede elegir son las prácticas, pero la orientación es un sentimiento muy íntimo y profundo que nada ni nadie puede cambiar, aunque sí, en ocasiones, puede evolucionar a lo largo de la vida.

Y, por supuesto, no hace falta decir que ninguna orientación sexual es una enfermedad. Cualquier persona, sea heterosexual, gay, lesbiana o bisexual, tiene las mismas oportunidades de vivir su sexualidad saludablemente.

Pequeñas y grandes confusiones

A veces, mientras somos adolescentes no tenemos claro cuál es nuestro objeto de deseo. Estamos en una época en la que nuestra identidad se va construyendo. Tampoco pasa nada, podemos tomarnos todo el tiempo que necesitemos. No hay que definirse de una manera o de otra. Las etiquetas muchas veces no encajan con la realidad. Lo verdaderamente fundamental es que sepamos que cualquiera que sea nuestra circunstancia, es tan buena como la de los demás. Es la nuestra, y punto.

Por supuesto que en ocasiones da mucho miedo pensar en la idea de ser gay, lesbiana o bisexual. Muchos temores se agolpan en nuestra cabeza y en nuestro corazón. Son temores lógicos, porque nuestra sociedad, la gente que nos rodea, todavía no ve en un plano de igualdad la heterosexualidad y la homosexualidad, marca normas sobre cómo debe amarse, cómo deben formarse las familias, etc. Sin embargo, siempre debemos tener presente que la forma de ver el mundo de cada uno, incluida la forma de querer y de vivir la sexualidad, es totalmente personal e intransferible. Hay chicos gays muy románticos, hay chicas heterosexuales que sólo piensan en pasárselo bien, otros chicos heterosexuales que están locos por tener una novia, algunas chicas que se han enamorado de una compañera y también de un compañero; otros (chicos y chicas), en cambio, no se han enamorado nunca ni tienen prisa por hacerlo, hay gente a la que, incluso, no le interesa el sexo. Todo es respetable porque no hace daño al prójimo.

11

Las prácticas sexuales y la orientación

Tampoco hay que confundir la orientación sexual con las prácticas sexuales. Una cosa es la orientación del afecto y del deseo y otra cosa es la práctica que podemos llevar a cabo en un momento dado. A veces, una relación de amistad ente dos chicos puede llevarles a tener una relación sexual entre ellos. Eso no los convierte en homosexuales si normalmente les atraen las chicas. Hay muchos gays y lesbianas que mantienen sus primeras relaciones con personas del sexo opuesto, pero no por eso se transforman en heterosexuales. Sólo están probando, o están en una etapa en la que, por el motivo que sea, necesitan esas relaciones.

La orientación sexual se puede tener clara antes de haber tenido ninguna relación. Y mantener una práctica sexual no te determina la orientación de tu deseo. No es raro que muchos chicos tengan sus primeras experiencias con otros chicos, o que algunas chicas vivan sus primeros escarceos en el mundo de la sexualidad con sus amigas. Al fin y al cabo, puede ser lógico iniciarse con las personas que están más próximas y con las que mayor confianza se tiene. En ocasiones, estas personas heterosexuales se avergüenzan de haber llevado a cabo esas prácticas. Pero no debería ser así. Tal vez es porque no tienen clara la diferenciación entre orientación sexual y práctica sexual, y porque les da miedo que se les considere gays o lesbianas.

¿Quién es transexual?

Ya está clara la diferencia entre orientación y prácticas sexuales, ¿no? Pues otra diferencia que debe quedar muy clarita es la de identidad de género/orientación sexual. La identidad de género hace referencia al género con el que cada uno nos percibimos. Todos y todas nacemos con un sexo determinado. Si tenemos órganos genitales masculinos somos varones y si los tenemos femeninos somos hembras. A pesar de esto, hay alguna gente que no se siente bien con ese sexo fisiológico. Es decir, que en su interior se percibe con otro género.

Pongamos un ejemplo: Luis nació con genitales masculinos, con cuerpo de varón. Pero ya desde muy pequeño se sintió una niña. Se percibía a sí mismo como una mujer. Según iba creciendo y construyendo su identidad, se daba más y más cuenta de que la naturaleza había cometido un error con él. Porque él no era él, sino ella. Luis es una persona transexual y ahora se llama Berta. Y es mujer, como siempre lo fue a pesar de la mala jugada que le jugó el físico.

Transexual, por tanto, es la persona (hombre o mujer) que no siente que su género mental se corresponda con su sexo biológico. A través de un proceso denominado «reasignación de género» puede adecuar su cuerpo a sus sentimientos.

La transexualidad, como vemos, no tiene mucho que ver con la homosexualidad. Los gays y las lesbianas normalmente nos sentimos a gusto con nuestro cuerpo y nuestro sexo. Y los/las transexuales, normalmente son heterosexuales. Pero no siempre. Una transexual puede ser lesbiana como puede ser heterosexual o bisexual. Y un gay puede ser transexual. Parece un lío, ¿verdad? Pero es que los seres humanos somos muy complejos. Es mejor no intentar simplificar mucho y respetar la forma de ser de cada uno. Todo, desde luego, queda mucho más claro si comprendemos las diferencias entre todos estos conceptos: sexo biológico/identidad de género/orientación sexual/práctica sexual. Una vez comprendidas estas cuatro categorías, podemos realizar todas las combinaciones que se nos ocurran. ¡Y a disfrutar!

¿CÓMO RECONOCERNOS COMO LESBIANAS, GAYS, BISEXUALES O HETEROSEXUALES?

Es muy fácil etiquetar a los demás de gays, de lesbianas o de heterosexuales, pero no siempre es tan sencillo cuando se trata de aclarar los propios sentimientos. Los heterosexuales lo tienen, normalmente, más sencillo, porque no se plantean preguntas. Sienten lo que sienten y eso se ajusta completamente a lo que se espera de ellos, a lo que leen, escuchan en sus canciones favoritas, o a lo que ven en las películas. Están metidos de lleno en la más absoluta «normalidad» y ni siquiera se plantean ¿qué soy?, ¿soy heterosexual?

Para nosotros no es tan sencillo, desde luego. Porque desde el exterior recibimos la información de cómo debemos ser, de lo que debemos sentir, pero en nuestro interior una fuerza misteriosa nos lleva por caminos que, al principio, son difíciles de comprender y de explicar.

El descubrimiento de la homosexualidad varía de unas personas a otras. Algunas afirman que ya desde la infancia lo sabían o lo intuían de alguna manera. Para la mayoría, en cambio, el descubrimiento comienza en la pubertad. No suele ser de la noche a la mañana. No te acuestas una noche tan tranquilo y a la mañana siguiente te miras al espejo y dices: «Anda, creo que soy homo-sexual».

Por lo general, se empiezan a descubrir sentimientos por compañeros o compañeras del mismo sexo, se nota que tal amistad o tal afecto es algo diferente al que se siente por los demás. A veces, la presencia de alguien del mismo sexo produce un hormigueo en el estómago, o su ausencia causa una sensación muy desagradable. Poco a poco, se va reconociendo que ésas son las sensaciones de las que todo el mundo habla, lo único que se hablan haciendo referencia al otro sexo.

Etapas del proceso de descubrimiento de la homosexualidad

Cada proceso es personal, diferente, pero, más o menos, para que puedas reconocer y entender algo mejor tus sentimientos, éstas son las etapas por las que pasamos todos hasta entender y aceptar que somos gays o les-bianas:

Sentimiento de diferencia. Es, ya lo hemos visto, una sensación que no se sabe explicar muy bien, de que algo diferente pasa en nuestro interior.

Confusión y negación de los sentimientos. Cuando, normalmente en la adolescencia, se descubre cuál puede ser la causa de esa diferencia, la mayoría tiende a negarlo. Resulta duro aceptarse como lesbiana o como gay en una sociedad en la que nada te garantiza que vas a ser aceptado como tal. Por eso es perfectamente normal que surja un cierto autorrechazo. Algunos piensan que es sólo una etapa y otros se escudan en la bisexualidad como «mal menor» (ojo, que esto no quiere decir que no haya chicos y chicas que sean verdaderamente bisexuales o heterosexuales que, efectivamente, pasan por una etapa homo).

Conocimiento de otros gays y lesbianas. Puede ser un conocimiento directo o una búsqueda de información. Cuanto más se sabe de la homosexualidad y más referentes positivos se encuentran, más fácil resulta la aceptación de que esos sentimientos son correctos y perfectamente sanos. Si la información es buena, se van eliminando los prejuicios y estereotipos negativos que hemos interiorizado sobre la homosexualidad.

Aceptación y toma de conciencia. Por fin ya reconocemos nuestros sentimientos, los aceptamos y asumimos que van a estar allí siempre y que más vale que los vivamos con alegría y sin malos rollos al respecto. A partir de aquí, ya sólo queda que esa aceptación sea igual por parte de la familia y amigos. Casi nada.

Más o menos, seguro que estás en una de estas etapas. No obstante, no creas que son así exactamente. Esta es una forma de contarlo, pero pueden variar enormemente. Pueden ir juntas dos de ellas, o no aparecer ninguna. Hay algunos que aceptan el hecho de ser gay o lesbiana desde el principio, sin mayores problemas. A otros les lleva más tiempo. Depende de tantas cosas... Lo importante es no estancarse y llegar a conseguir sentirse a gusto con uno mismo.

¿POR QUÉ SOMOS ASÍ? ¿REALMENTE NOS IMPORTA?

La de jaleo que se arma con la búsqueda de los motivos por los que unos somos diferentes de otros. Siempre hay alguien buscando una explicación al por qué unos somos heteros, otras lesbianas y otros gays o bisexuales. Desde luego, cada cual es muy libre de perder el tiempo como le parezca, pero para nosotros no debe suponer esta cuestión un quebradero de cabeza.

Para empezar, ya es un poco aburrido ver que la pregunta que casi siempre se plantea es ¿cuál es el origen de la homosexualidad? ¿Por qué no se pregunta cuál es el origen de la orientación sexual? Porque, desde luego, sea cual sea, va a ser el mismo el de la homosexualidad que el de la heterosexualidad.

Hay quien dice que es una cuestión genética. Otros investigadores opinan que es más bien una cuestión adquirida tras el nacimiento. Los más se inclinan por pensar que es una mezcla de diferentes causas (volvemos a la complejidad del ser humano, demasiada para encontrar respuestas simples). Lo que es indudable es que no se elige y que no se puede modificar al gusto del consumidor. Por eso, si hay alguien que dice (que lo hay, desgraciadamente) que la homosexualidad se puede modificar —o curar— no hay que hacerle ningún caso. Está al nivel de los que piensan que la mujer es inferior al hombre o que unas razas tienen mayor capacidad intelectual que otras. Hay mucha gente que intenta que la ciencia y la realidad se ajusten a sus prejuicios, en lugar de modificar éstos mediante el estudio y la comprensión de lo que les rodea.

La influencia de los padres y las madres

También se puede oír por ahí que las lesbianas y los gays somos así por haber tenido un padre distante, o una madre excesivamente protectora. O por ser hijos únicos, o por ser los más pequeños de varios hermanos. Tonterías. Un simple repaso a los gays y lesbianas que podamos conocer nos demostrará que no hay nada de cierto en todo ello. Hay lesbianas y gays procedentes de todo tipo de familias: con padres y madres de diversas características, sin padre, sin madre, con padres heterosexuales o con padres homosexuales. No importa cómo sean los padres y las madres. Unos hijos son hetero y otros no, es ley de vida.

Los hijos ni heredamos la orientación sexual de los padres ni la imitamos. Por eso tampoco tiene sentido creer que los hijos de padres gays o de madres lesbianas van a reproducir la orientación de sus progenitores. ¿No es cierto que la mayoría de los gays y lesbianas hemos tenido padres y madres heterosexuales? Algunos incluso hemos vivido en entornos en los que la homo-sexualidad ni siquiera se mencionaba. Y somos como somos, a pesar de todos los intentos que hayan podido hacer por escondernos una realidad que era, ni más ni menos, la nuestra.

Abajo con los estereotipos

Un estereotipo es una idea preconcebida sobre una cuestión, y se construye como forma de clasificación de la información que tenemos del mundo. Es una forma de simplificar ante la tremenda complejidad de lo que nos rodea. Aplicado a un grupo de personas, nos ayuda a situar a las que pertenecen a él. Lo malo es que rara vez los estereotipos se ajustan verdaderamente a una persona de carne y hueso.

Hay ejemplos de estereotipos para todos los gustos: los andaluces son graciosos, los mejicanos vagos, los gitanos no quieren trabajar, las mujeres no conducen tan bien como los hombres... Hay estereotipos positivos y, la mayoría, negativos. Todos son, como poco, muy inexactos.

Sobre las lesbianas y los gays hay millones de estereotipos. Para empezar, se cree de nosotros que nos comportamos como si fuéramos del otro sexo. No es así. No nos cansaremos de repetir que cada persona es un mundo y cada una actúa de una manera diferente. Lo único que nos iguala a todos los gays y a todas las lesbianas del mundo es que nos gustan las personas del mismo sexo que el nuestro. Ahí termina todo. Y, claro, tal vez la vivencia del rechazo que sufrimos por parte de algunos sectores de la sociedad. Esto es lo que nos hace pertenecer a un mismo grupo. Si la gente no diera tanta importancia a la cuestión de quién nos gusta y quién no, probablemente no nos sentiríamos tan unidos a otros gays o a otras lesbianas.

Creo que cuando oímos algún comentario que empieza por «es que las lesbianas son...» o «como los gays siempre...» debemos empezar a desconfiar. Probablemente no escucharemos nada que tenga que ver verdaderamente con nosotros. A veces, oímos estos comentarios y lo primero que pasa por nuestra cabeza es: «Pero, ¿está hablando de marcianos o de gays y lesbianas?».

Hemos oído tantos estereotipos sobre la homosexualidad, sobre las lesbianas, los gays y los bisexuales que un problema que nos podemos encontrar en la adolescencia es que no nos reconocemos en la imagen que conocemos de los homosexuales. «Si yo no soy como esos que dicen que son maricas, entonces es que yo no soy marica», hemos pensado muchos en algún momento. A menudo, las referencias que se nos ofrecen de gays o lesbianas son tan limitadas que cuesta reconocerse en ellas. Nuevamente debemos recordar que lo que nos une a esas personas, a esos referentes gays o lésbicos es sencillamente que compartimos la orientación sexual. Por lo demás, podemos ser totalmente diferentes físicamente, en cuanto a gustos y preferencias, en la manera de afrontar la vida, etc. Vale, él es gay y yo también, pero no somos gemelos ni como dos gotas de agua.

Vamos a repasar algunos de los estereotipos que conocemos acerca de la homosexualidad para comprobar que no tienen ningún fundamento:

En una pareja gay/lésbica, un miembro hace de hombre y otro de mujer. Para nada. Las parejas homosexuales no tienen definidas las funciones por la sociedad, así que cada cual hace lo que más le gusta. Hay un reparto equitativo de tareas, como debe ser también en una pareja heterosexual.

Todos los gays son peluqueros y todas las lesbianas, camioneras. Se tiende a creer que la homosexualidad limita el terreno profesional. Una cosa es que durante años sólo unas pocas profesiones permitieran la visibilidad de los gays, y otra muy distinta que todos los millones de gays y lesbianas del mundo queramos trabajar en lo mismo: hay gays y lesbianas médicos, profesores, obreros, taxistas, sacerdotes, políticos, cantantes, funcionarios, etc., etc., etc.

Los gays son muy promiscuos. La idea que relaciona lo gay con el exceso de sexo es de las más extendidas. Hay gays muy promiscuos, desde luego, pero también los hay muy poco aficionados al sexo. La tendencia a la promiscuidad, probablemente, tiene más que ver con ser varón que con ser gay o hetero.

Los gays se comportan como mujeres y las lesbianas como marimachos. La pluma, de la que luego hablaremos con más detalle, es una de las grandes

24

obsesiones de la gente. Pero tener pluma (ser amanerado o ser muy masculina) no es patrimonio de los gays y las lesbianas. Hay muchos heterosexuales que sueltan cantidad de pluma, igual que hay muchos gays y lesbianas que nadie reconoce como tales porque sus gestos responden totalmente a las expectativas de «lo que debe ser un gesto de hombre o de mujer».

Los gays son más sensibles y se cuidan más el físico. Si por más sensibles se entiende que no tenemos tantos prejuicios como los hombres heterosexuales en lo que a la manifestación de las emociones se refiere, puede que sí, pero nada más. Hay gays muy poco sensibles, desde luego, algunos verdaderos garrulos. Lo que pasa es que a los hombres nos educan para que ocultemos los sentimientos. Y como los gays nos saltamos un poco a la torera muchas de las normas de los géneros, pues puede que también nos saltemos ésa. Respecto a lo del cuidado físico, pasa un poco lo mismo. Ahora los hombres se están cuidando, en general, mucho más que antes.

Los homosexuales vivimos en guetos. De eso, nada. Los gays y las lesbianas vivimos en ciudades grandes y en pueblos pequeños, en el campo y en la playa, en el centro de las ciudades y en la periferia... Otra cosa es que haya ciertas concentraciones en algunas zonas porque resulta más cómodo saber que allí nadie te va a rechazar. Para salir a ligar, también es más fácil lograrlo en sitios donde hay muchos gays o lesbianas como tú, eso es evidente.

¿Te has sentido identificado con estas ideas, con estos estereotipos sobre tu persona? ¿A que no? Por eso, porque no son más que prejuicios construidos sobre el desconocimiento. Como los gays y las lesbianas hemos permanecido escondidos durante mucho tiempo, hemos permitido que se dijeran cosas de nosotros que no son ciertas. Y como nadie las ha desmentido, ahí han quedado. Ahora ya hay muchos gays y lesbianas que vivimos abiertamente y damos ejemplo de nuestra singularidad. Vamos, que la gente ve que la vecina del 3º y la portera, ambas lesbianas, no se parecen ni en pintura.

Uno de los clichés más antiguos sobre la homosexualidad es que se trata de una enfermedad. Si todavía tienes alguna duda a este respecto, te lo digo desde ya: quítatela. Ni rastro de enfermedad. Lo que sí es enfermedad, y como tal está tipificada, es la homofobia.

Durante buena parte del siglo XX, muchos psiquiatras consideraban que, efectivamente, los gays y las lesbianas éramos enfermos. Con esa excusa, aprovecharon para encerrar a muchos en manicomios y someterlos a terribles terapias. A mediados de los 50, una doctora norteamericana llamada Evelyn Hooker se planteó que si los gays eran enfermos, esa enfermedad se tenía que poder notar por algún lado. De modo que retó a un grupo de eminentes psiquiatras a que reconocieran a los cinco gays que había en una muestra de 10 hombres. Efectivamente, cinco personas enfermas son detectables por cualquier buen profesional, y éstos eran excelentes.

¿Cuál fue el resultado? Ni más ni menos que por muchas pruebas que les hicieron, no lograron distinguir a los gays de los heterosexuales. ¿Dónde estaba pues escondida esa enfermedad tan invisible?

Hasta 1973, no obstante, no se suprimió la homosexualidad de las enfermedades catalogadas por la Asociación Americana de Psiquiatría. En 1992, la Organización Mundial de la Salud también reconoció que no existe tal enfermedad. De modo que ya no hay ningún médico ni psiquiatra medianamente serio que discuta estos pareceres. Sí quedan, desgraciadamente, algunos fanáticos que afirman que se puede «curar». Pero no lo olvides, son charlatanes. Si alguna vez te encuentras a alguno, sal corriendo en dirección contraria. O más bien, mándalo a él mismo a un buen psiquiatra, porque la homofobia sí que aparece en ese catálogo de enfermedades mentales.

Homofobia es el rechazo, el miedo o el odio a la homosexualidad y a los homosexuales. Es una forma más de
división de los seres humanos, como lo son el racismo,
la xenofobia, el machismo o tantas otras ideologías del
odio que menosprecian al que es diferente, tratan de
convertirlo en un ser inferior.

Los orígenes de la homofobia pueden ser muy numerosos. Hay causas históricas, causas religiosas, simple
miedo a lo desconocido, miedos psicológicos, etc. Sea
como sea, lo cierto es que existe: hay gente a la que le
molesta que seamos como somos y que nos manifeste-
mos así. Cada vez son menos, pero no podemos negar
que algunos siguen sueltos por ahí.

Homofobias, desgraciadamente, hay muchas y muy
variadas. Es importante que aprendamos a reconocerlas
para poder combatirlas y superarlas. Es homofobia una
agresión física, pero también lo es la existencia de leyes
que impiden a gays y lesbianas desarrollarse o manifestarse libremente. Es homofobia también utilizar «maricón»,
«marica» o «tortillera» como insultos. O contar chistes de
mariquitas. O gritar: «¡Maricón el último!». O negarse a
hablar de homosexualidad en las escuelas e institutos. En

29

fin, que hay muchas maneras, por activa y por pasiva, de demostrar el desprecio a los que somos diferentes de la mayoría en esta cuestión de la orientación sexual.

Algunos chavales afirman que ellos no son homófobos por insultar a alguien llamándole «maricón». Tal vez ellos lo dicen sin darse cuenta del sentido de la palabra. Pero si nos paramos a pensarlo, ese insulto está avisando a los gays que lo escuchan de que ser homosexual es malo, que está castigado y que conlleva una penalización social. Muchas veces, gestos insignificantes tienen mucho significado.

En España, la homofobia está castigada: pero la realidad social es que todavía permanece en muchos rincones. Estamos en nuestro derecho de defendernos. Nadie tiene derecho a hacernos daño por ser de una determinada manera. Para poder defendernos, lo más importante es que estemos seguros de nosotros mismos o nosotras mismas, que no nos avergoncemos de ser como somos y que tengamos mucha información para desmontar sus prejuicios. La homofobia más peligrosa tal vez no sea la de los demás...

Homofobia interiorizada

La peor homofobia, seguramente, es la que podemos sentir nosotros mismos. Sí, desde luego, los gays y las lesbianas podemos ser tan homófobos como los demás.

Al fin y al cabo, hemos recibido la misma educación homófoba. Se nos ha enseñado desde la cuna cómo deben ser los hombres y cómo deben ser las mujeres, y en esas normas de comportamiento no está incluido el enamorarse de alguien de tu mismo sexo.

A fuerza de recibir informaciones negativas sobre la homosexualidad, lesbianas y gays terminamos por creernos que todo eso que sentimos dentro es malo y que no deberíamos sentirlo. Muy a menudo nos sentimos fatal y no queremos ser así, nos gustaría que existiera una pastilla que nos cambiara y nos hiciera como a la mayoría. Eso es producto de esa homofobia que hemos interiorizado. Y ésta es la peor de todas, la que más daño nos hace.

Es importante aprender a identificar esta homofobia y a arrancarla de nuestro interior. Tenemos que aprender a querernos, a aceptarnos y a estar felices de ser como somos. Si nos fijamos un poquito en nuestro entorno, reconoceremos que todos somos diferentes por una causa o por otra. Las identidades personales son como las huellas dactilares, cada uno tenemos la nuestra y es diferente de la de los demás. Pero claro, eso no sirve de consuelo si se siente el rechazo de los amigos o de la propia familia. Es muy duro sentirse excluido del grupo de colegas, y ése es un miedo que siempre se tiene cuando uno descubre que es gay o lesbiana. De esto hablaremos más tarde, al tratar de la salida del armario, pero podemos adelantarte que con simpatía, buen humor y paciencia, todo se termina por solucionar. Cuantos menos dramas hagamos en la vida, mejor.

¿Qué dice la ley?

Tranquilidad, no vamos a ponernos aquí a soltar un rollo con términos legales que nadie entiende. No se trata de eso, pero sí que da una cierta tranquilidad pensar que España es de los pocos países en el mundo en los que es absolutamente igual ser heterosexual que homosexual. No hay ninguna diferencia a nivel legal. Todo lo que puede hacer un heterosexual, lo puede hacer un homosexual. Está terminantemente prohibido cualquier tipo de discriminación, ya sea en cuanto al derecho a contraer matrimonio, a adoptar niños, a desarrollar una profesión, a expresarse públicamente, etc.

Con la aprobación de la ley que permite el matrimonio entre personas del mismo sexo, España ha acabado radicalmente con la discriminación por motivo de orientación sexual. Esto es muy importante porque a muchas lesbianas y gays se nos ha transmitido un mensaje de seguridad muy valioso. Si el Gobierno, si el Estado nos considera iguales a los demás, esto que nos diferencia no debe ser tan malo. Nos ha ayudado a muchos a combatir esa homofobia interiorizada de la que hablábamos antes.

Además, aunque las leyes no siempre se cumplan, al menos tenemos allí las herramientas para solucionar los problemas que se nos puedan plantear. Aunque parezca increíble, hay gente que sigue despidiendo a sus empleados si descubre que son gays o lesbianas. Otras personas intentan que no entremos en sus restaurantes o bares... Son situaciones excepcionales, la verdad, pero se siguen dando. Con las leyes españolas en la mano podemos enfrentarnos a todas estas injusticias. Si alguien nos insulta o intenta discriminarnos por nuestra orientación sexual (al igual que por ser de otra raza, de otra procedencia, de otra religión o de otro sexo), tenemos todo el derecho del mundo a coger y llamar a la policía para que nos defienda, o a poner una denuncia si es preciso.

En España, ahora, somos afortunados, pero hay que recordar que esto no siempre ha sido así, y que no sucede lo mismo en todos los países del mundo. En España, hasta la llegada de la democracia, a las lesbianas, a los gays y a los/las transexuales se nos encerraba en la cárcel y en sanatorios psiquiátricos. Se nos consideraba nada menos que «peligrosos sociales». Ya ves lo peligrosos que somos. Más bien eran peligrosos los que gobernaban bajo esa ideología totalitaria.

En el mundo hay toda un amplio abanico de países en lo que a derechos de las personas homosexuales se refiere. En la Unión Europea hay unas normativas antidiscriminatorias y la situación es bastante buena (en Holanda y Bélgica también existe el matrimonio homosexual). También hay bastante respeto en países como Canadá, Noruega o algunos estados de Estados Unidos.

Pero hay más de 80 países que todavía prohíben las relaciones homosexuales. ¡En algunos, incluso, bajo pena de muerte! Esto es algo que no debemos olvidar nunca. Todavía hay que luchar mucho para conseguir que esta discriminación desaparezca de todo el planeta.

EL ARMARIO: ¿UN LUGAR PARA VIVIR O UN SITIO DEL QUE SALIR?

Hoy en día quién no conoce la expresión «salir del armario». Significa dar a conocer la propia homosexualidad. Antes hemos visto que reconocerse como lesbiana, gay o bisexual no siempre es sencillo. A veces, no es precisamente un camino de rosas. Pero cuando se llega a esa etapa de reconocimiento, de aceptación más o menos convencida, entonces nos damos cuenta de que todavía queda un tremendo trecho por recorrer, porque nos descubrimos en el interior de un armario oscuro y que huele a naftalina para matar polillas.

Entonces, nos encontramos ante el terrible dilema al que, por si te sirve de consuelo, no se escapa ninguna persona que no sea estrictamente heterosexual: ¿lo digo o no lo digo? Si lo digo, puede que mi familia haga un drama de ello, que no lo acepte, que no lo entienda, que no me quiera más como hijo, como hermano o como nieto. Si se enteran mis amigos o amigas a lo mejor no quieren juntarse más conmigo. Lo de dormir con mis colegas, o lo de ducharnos juntos, se acabó. Y si se sabe en el instituto, estoy acabado, seré el hazmerreír, el mariquita oficial al que todo el mundo podrá pegar y ridiculizar cuando quiera.

Todo esto pasa permanentemente por nuestra cabeza. Una mezcla de sentimientos de vergüenza, de miedo, de inseguridad, de ganas de que se nos trague la tierra, se agolpa en nuestra cabeza y se convierte casi en una obsesión. Para muchos chicos y chicas, son tan obsesivos esos pensamientos que casi no pueden pensar en otras cosas, no se pueden concentrar en estudiar.

Entonces, ¿me quedo en el armario?

Es una solución, desde luego, pero no es muy satisfactoria. Vivir en el armario es vivir en la mentira. Nadie nos va a conocer tal y como realmente somos. Algo tan importante para nuestras vidas lo vamos a tener que ocultar siempre, sin compartir nunca nuestras ilusiones, nuestros amores, nuestros miedos. Tendremos que disimular constantemente, procurar no ponernos colorados cuando se hable de sexo o de amor, tal vez buscarnos un novio o novia del otro sexo para hacer creer a todos que somos como ellos piensan.

La situación no es tan cómoda como puede parecer si la analizamos presionados por el miedo a ser descubiertos. Es un tema que tenemos que reflexionar muy concienzudamente, sin prisas y sin presiones. La inmensa mayoría de gays y lesbianas afirma sentirse mucho mejor después de haber superado el proceso de salir del armario. Pero, ¡ojo!, esta cuestión también es muy personal, y cada uno debe pensar en las características del contexto en el que va a salir del armario.

Por otra parte, salir del armario no quiere decir proclamarlo a los cuatro vientos. Se puede hacer parcialmente, por etapas, buscando a las personas que nos parecen más proclives a aceptarlo. Normalmente, las mujeres llevan este tema mejor que los hombres. A éstos, por la educación machista que han recibido, les cuesta más entrar en el tema de la homosexualidad (debe ser que se sienten inseguros de su masculinidad).

Salir del armario de la familia

Esto es tal vez lo más duro. La familia es el núcleo más importante de nuestra existencia. Es nuestro sustento emocional y económico. Y esto último no es ninguna tontería. No es nada conveniente salir del armario si esto implica un riesgo de perder el mantenimiento económico. En ese caso, tal vez sea mejor esperar a ser independientes económicamente.

A los padres, a veces, enfrentarse a la idea de tener un hijo gay o una hija lesbiana les rompe un montón de expectativas que se han hecho respecto a nosotros. Creen que ya no van a poder tener nietos, temen por nuestra felicidad, se les vienen a la cabeza cientos de estereotipos (acuérdate de los que tú mismo has tenido que ir desechando). Y también está la cuestión de la vergüenza, no hay que olvidarlo, del qué dirán.

A cambio, hay que pensar que uno no deja de ser su hijo o su hija. Eso es una ventaja. Por regla general, aunque les pueda costar un tiempo, todos van a hacer lo posible por entender a su hijo. Aunque a veces les cuesta bastante, para qué negarlo. En cualquier caso, si decidimos que no queremos seguir ocultando a nuestra familia una realidad tan importante, más vale que sigamos estos consejos:

Elegir cuidadosamente los miembros de la familia con los que vamos a iniciar la salida del armario. Si lo hacemos bien, estas personas (suelen ser la madre o alguna hermana) pueden servirnos de aliadas en las siguientes salidas. Es conveniente siempre tener un apoyo emocional, alguien a quien poder acudir si el asunto es más complicado de lo que habíamos pensado.

No usar nunca la salida del armario como un arma en un momento de enfado.

Decidir y preparar correctamente el momento para dar la noticia. Ha de ser en una situación en la que haya tiempo para hablar largo y tendido, sin interrupciones y, por supuesto, en un espacio privado.

Estar preparado para una explosión de emociones. Puede haber lágrimas, reproches, incluso gritos. Hace falta una gran dosis de calma y paciencia.

Preparar todas las argumentaciones para las posibles preguntas o dudas que te van a plantear. Cuanta más información poseas, más fácil se lo vas a poner a ellos. No olvides que ahora han cambiado las cosas y son ellos los que plantean las preguntas para que tú las respondas. Necesitan, de alguna manera, que tú los eduques.

Salir del armario cuando uno se sienta seguro de sí mismo. Si lo haces cuando tienes dudas, las de tus padres te pueden confundir más. Y tu inseguridad puede reafirmar sus miedos.

Darles direcciones o números de teléfono donde puedan acudir para recibir ayuda. Tal vez necesiten hablar con expertos. Al final del libro tienes un capítulo que incluye estos recursos para ti y tus familiares.

Si decides salir del armario con algunos o con todos los miembros de tu familia, y no se lo toman demasiado bien, tal vez cueste trabajo volver a reajustar la armonía familiar. Pero cuando ésta esté recuperada, es más que probable que los lazos se hayan reforzado, porque ahora es cuando te conocerán verdaderamente, y cuando tú podrás expresarte y darte a conocer con total libertad.

Pero recuerda, no es obligatorio salir del armario, ni con la familia ni en ningún lugar. Hazlo solamente cuando estés seguro de que es el momento de hacerlo.

El armario y los/las amigos/as

Es difícil vivir sin amigos ni amigas. Todo el mundo necesita formar parte de un grupo, compartir con otros y sentirse aceptado. En la adolescencia, esta necesidad es todavía más importante. Por eso, decirle a los colegas o a las amigas: «Hola, ¿os había dicho que soy lesbiana/gay?» no es de las cosas más sencillas que se pueden hacer.

Antes de dar este paso, conviene pensárselo varias veces. Primero hay que pensar en la calidad de la amistad que vamos a poner a prueba. Si son simples conocidos, a lo mejor no merece la pena; pero si son buenos amigos y amigas, es posible que ocultarles un aspecto tan decisivo de tu personalidad impida el que vuestra relación alcance la profundidad que una relación más sincera podría lograr.

Después, hay que tantear el terreno, intentar entresacar, conduciendo hábilmente las conversaciones, cuál es la actitud de los amigos y las amigas frente a la homosexualidad. Es fácil sacar la conversación. Hay gays y lesbianas que aparecen casi a diario en la televisión, en el mundo de la música, en las noticias del telediario... Cualquier excusa puede ser buena para investigar el terreno. Ejemplo: «Me encantó el programa de ayer de Jesús Vázquez. Me encanta como presenta y lo valiente que fue hablando de su homosexualidad en público...».

Una vez llevada a cabo la investigación, es conveniente empezar por los amigos que mejor hayan reaccionado ante el tema, aunque hay gente que es muy bocazas y que después —al darse cuenta de que la homosexualidad no es un tema lejano, sino la forma de ser de una persona querida—, se come sus propias palabras.

Como ya hemos dicho antes, las chicas suelen tener una mejor disposición a aceptar la diversidad sexual. Si tienes buenas amigas, pueden llegar a ser unas fantásticas cómplices.

Ahora pasamos a enumerar algunas de las reacciones más comunes ante la salida del armario de una persona amiga:

Tu amigo (si eres un chico) o tu amiga (si eres una chica) tiene miedo a que quieras una relación con él o con ella. Explícale claramente que no por ser homosexual necesariamente quieres tener relaciones con todo el mundo. Y si realmente es lo que deseas, pero tu amigo o amiga es heterosexual, tendrás que aceptarlo y aguantarte. Nadie es perfecto.

Se siente dolido por haberle ocultado la información durante tanto tiempo. Entonces tú debes explicarle que no se trata de confiar o no en los demás, sino de que tú mismo has necesitado tu tiempo para aclarar tus propias ideas y para aceptarlo. No podías contar algo que te confundía de una manera tan tremenda.

No quiere saber más de ti. Esta reacción es realmente muy extraña. Si sucede así, tranquilidad. Aunque al principio resulte duro, realmente esa persona no era tan amiga tuya. No podía serlo. Un amigo verdadero te acepta como eres, aunque le cueste. Y, sobre todo, te ayuda en los momentos en los que más lo necesitas. No te agobies. Tarde o temprano encontrarás a alguien que merezca más tu amistad.

El sentido del humor es básico para tratar esta cuestión. Vale que haya momentos de confesarse y de meterse en profundidades, pero tu orientación sexual no debería ser tan sólo un tema a tratar entre susurros y envuelto en gran secretismo. Todo lo que se pueda acompañar de bromas que quiten hierro va a servir para que todos os relajéis y estéis más cómodos con la nueva (y más sincera) situación que se ha creado.

Y no olvides que estamos en el siglo XXI, en la España en la que se ha conseguido el matrimonio para personas del mismo sexo. Sorpresas puede haber siempre, pero no estamos hablando de confesar un crimen. Para que te hagas una idea, en una encuesta realizada recientemente salió que el 55% de los adolescentes conoce a algún gay o lesbiana. O sea, que no les va a pillar tan desprevenidos. Curiosamente, entre las chicas el porcentaje asciende al 60%, mientras que entre los chicos baja al 47%. Saca tus propias conclusiones.

El armario escolar

En el instituto es difícil salir del armario, para qué nos vamos a engañar. Tampoco es absolutamente imprescindible hacerlo. No obstante, cada vez hay más chicos y chicas muy valientes que no quieren tener que ocultarlo y aguantar siempre oír hablar sobre gays y lesbianas como si la historia no fuera con ellos. Estos chicos están abriendo las puertas para que, en un futuro próximo, todos los alumnos, independientemente de su orientación sexual, gocen de la misma libertad de expresión en las escuelas.

Nuevamente debemos insistir en que si has decidido salir del armario ante tu clase o ante algún profesor, desde luego estás en tu derecho. Como estás en tu derecho de pedir ayuda a los profesores, orientadores o a la dirección del centro si tienes algún problema, te sientes acosado o consideras que se te está dañando de alguna manera.

Es muy posible que algún profesor te haya dado muestras de ser más abierto, de que se puede confiar en él. Si es así, a lo mejor le puedes pedir consejo, a ver cómo lo ve él, si cree que la clase reaccionará bien, si te puede conseguir alguna lectura, alguna información... Si vas a ver al orientador para hablar de este tema, él tiene obligación de atenderte y guardar el secreto de lo que le has contado; así que si lo necesitas, y te ves con fuerzas, adelante.

43

Por otra parte, también tienes perfecto derecho a que se hable de la orientación sexual en algún momento, a que se aporten referentes positivos de lesbianas y gays, y a que haya información sobre la cuestión en la biblioteca del instituto. Si decides hablar con algún profesor o con el orientador, puedes pedirles que se pongan un poco las pilas con este tema. Si vives en alguna ciudad donde haya un colectivo cuyos voluntarios acudan a dar charlas a los institutos, puedes también solicitar la presencia de esos voluntarios.

Pero hay que insistir en esto: mucha prudencia, que no es nada raro tampoco que, en el instituto, el gay o la lesbiana de turno sea el chivo expiatorio de todas las bromas pesadas. Una vez más, tu habilidad para llevar el asunto con simpatía y buen humor te ayudará mucho.

La expulsión del armario

Hablamos todo el rato de la decisión de salir del armario, pero ya sabes que muchas veces no se trata de una elección. A algunos los han sacado del armario a empujones. A veces la madre, que en un exceso de celo lee alguna carta o algún *e-mail* inconveniente. Otras veces, en el colegio o en el instituto nos han visto un poco raritos y han decidido que sería divertido llamarnos «marica» o «bollera». En fin, maneras de salir del armario de manera abrupta hay muchas, lo importante es sacar algo positivo de la situación.

Si ya estamos, por las circunstancias que sea, fuera, aprovechemos y reconduzcamos la cuestión. Todo lo que hemos dicho para preparar la salida del armario te puede servir. Lo que pasa es que ahora lo tienes que aplicar por procedimiento de urgencia. En el caso de la carta cotilleada, juegas con la ventaja de que la persona ha cometido una indiscreción imperdonable, así que al menos ya dispones de un tema con el que desviar un poco la atención. Pero lo mejor es coger el toro por los cuernos y afrontar la cuestión con valentía y sinceridad. Y si durante un tiempo las cosas van mal, habrá que buscarse un buen aliado. Si va mal en el instituto, algún profesor, algún miembro de la familia o algún amigo pueden servir de alivio. Si los problemas son en la familia, tal vez puedas contar con algún profesor que sirva de intermediario o que, al menos, te sirva a ti de desahogo.

Si, en el peor de los casos, te fuera mal en todos los frentes, busca ayuda en algún colectivo de gays y lesbianas. Si no tienes ninguno cerca, siempre podrás contactarlos en los teléfonos de ayuda o a través de internet.

Ah, sobre todo, mucha calma, porque no hay que olvidar que, por el momento, la salida del armario es un trabajo (más o menos difícil, según la actitud y las circunstancias de cada cual) que hay que repetir una y otra vez. Cada vez que cambies de ambiente, la heteronormatividad de nuestra sociedad te va a hacer de nuevo heterosexual. Aquí todo el mundo es hetero hasta que se demuestre lo contrario. Pero tranquilo, que después de las dos o tres primeras salidas del armario todo es más fácil, y hasta divertido.

De todos modos, no olvides que en esta época ya queda muy poca gente que no acepte a los gays y las lesbianas. No van a caer todos a tu alrededor. Otra cosa es que luego, cuando lo ven de cerca, les cueste más acostumbrarse. Pero con tiempo y una caña... después de la tormenta llega siempre la calma.

El adolescente gay o la adolescente lesbiana que no se haya sentido terriblemente solo/a en algún momento, que levante la mano. Esto es así. De hecho, la adolescencia es una época en la que la soledad se ceba cruelmente en las personas. Con todas, heterosexuales incluidas. Pero qué duda cabe de que para los gays y las lesbianas la adolescencia puede llegar a ser una etapa francamente dura.

A todos los chicos y chicas, durante la adolescencia, les asaltan un montón de dudas. Es la época de construirse la identidad, de visualizar la posición que se va a adoptar en el mundo, de descubrir los cambios del propio cuerpo, de aprender a usarlo... La inseguridad se convierte en el carnet de identidad de cualquier adolescente. Pero no es difícil comprender que en el caso de los jóvenes gays, lesbianas y bisexuales esa inseguridad sea mayor. ¿Que por qué? Pues porque a la dificultad que supone acomodarse a los enormes cambios que experimentan sus cuerpos y sus cabezas, se suma la incertidumbre de comprender que esos cambios no llevan por los caminos que todos (la familia, el sistema educativo, los medios de comunicación...) han dispuesto para ellos. Todo se complica un montón.

Cuando esto sucede, ya lo hemos visto, uno se siente avergonzado, tan diferente que no encuentra a su alrededor esa alma gemela que todos necesitamos tener. Porque sí que es verdad que ahora uno encuentra gays y lesbianas con facilidad en la televisión, pero, ¿dónde están en la vida cotidiana?, ¿cómo reconocerlos, cómo llegar a hablar con alguno? Además, los homosexuales famosos no siempre se parecen a nosotros, a lo mejor nosotros no tenemos tanta pluma como Boris Izaguirre, o no somos presentadores maravillosos y guapísimos como Jesús Vázquez.

Esa sensación de sentirse como un marciano al que han abandonado en la Tierra es tan normal que la hemos sentido todos y todas. Por eso, es necesario convencerse de que es una sensación falsa. Ni somos marcianos, ni ejemplares únicos.

Hablando se entiende la gente

Para empezar, es necesario poder verbalizar todos esos miedos y angustias. Hay que encontrar un aliado. Piensa bien, mira a tu alrededor. ¿Quién puede ser? Seguro que tienes una amiga a la que tu «diferencia» sexual no le va a importar nada, o una hermana. A lo mejor tu madre tiene algún amigo o algún hermano gay. O a lo mejor sabes que alguna profesora tuya ha hablado positivamente de la homosexualidad en clase. Si te fijas un poquito en las señales que la gente transmite, seguro que encontrarás ese alguien en el que poder confiar, con el que poder compartir todas tus inquietudes y en el que poder apoyarte a la hora de dar pasos en tu camino de apertura y de autoafirmación.

Hay que hablar. Lo que no se habla se termina enquistando en el interior y te llega a enfermar. Al fin y al cabo, lo que tenemos que contar no es tan terrible. Puede ser chocante para algunos, pero no estamos haciendo referencia a ninguna tragedia. Hay gente que por su formación religiosa, o por su forma un poco anticuada de ver el mundo, puede hacer un drama de esta historia, pero cada vez son menos.

¿Por qué crees que hay tantos programas en la televisión y en la radio en los que la gente cuenta su vida? Porque hablar es, de verdad, muy importante. Si ocultas algo toda la vida puedes llegar a volverte loco. Y no estoy diciendo que tengas que contarlo por la tele o por la radio, pero sí que es fundamental encontrar a alguien que te escuche con atención, que te sirva de hombro para alguna lagrimita ocasional o con el que compartir unas risas.

Mientras no encuentres a esa persona amiga que te sirva para desahogarte y para enriquecerte con sus experiencias, siempre puedes llamar a algún teléfono de ayuda para lesbianas, gays y transexuales. Hay muchos por toda España, y algunos hasta son gratuitos. Al final del libro encontrarás una lista.

Y si el que escucha te entiende, mejor que mejor

Para comprender lo que te pasa no hace falta ser gay o lesbiana, pero es indiscutible que el siguiente paso que debes dar es hablar con alguien que comparta exactamente esta situación que tú ahora vives como un problema. Alguien que la esté viviendo o que ya la haya vivido. Si tienes esa amiga (en femenino, porque la mayoría de las veces, insisto, suele ser una amiga, una hermana o la madre), ella te ayudará a encontrar a algún gay o lesbiana con quien compartir tus dudas.

A ver, no es que los gays y las lesbianas tengamos que tener sólo amigos gays y lesbianas. De eso nada. La gente interesante con la que podamos conectar puede tener la orientación sexual que le dé la gana, eso no es lo importante. Pero sí que es bastante fundamental el poder compartir experiencias en temas tales como la autoaceptación, el posible rechazo de algún ser querido, el miedo a salir del armario, etc. Y esto, por más que nos empeñemos, no lo ha vivido un heterosexual.

La tranquilidad que da comprobar que ese pensamiento que creíamos tan tremendo, que nadie más había sentido jamás, resulta que es normal, y que alguien ya lo ha tenido antes que nosotros es muy importante. Y lo mismo, saber que la situación que nos parece sin salida, ya la han vivido otros muchos y han conseguido superarla sin mayor problema. Realmente, si te sientes un marciano, no te queda otra que reparar tu sistema de comunicación y enviar señales. Cuando descubras que hay otros muchos marcianos y que no viven en Marte, sino justo a tu lado, a tu alrededor, se te van a quitar muchos problemas y muchas preocupaciones de encima.

En fin, que es cierto que muchos jóvenes gays y lesbianas se sienten fatal porque viven su descubrimiento en un exceso de soledad. Porque nadie les explica que el proceso que están experimentando es normal, que es bueno y que no tiene nada de insano ni de perjudicial. Porque nadie les da a leer libros en los que se muestra esa realidad con naturalidad, de una manera en la que puedan identificarse. Todos esos jóvenes, sin duda, se sentirán mucho mejor cuando encuentren a alguien con quien hablar, alguien con quien compartir una experiencia mucho más común de lo que a veces, cuando nos sentimos solos, creemos.

EL AMOR, AUNQUE TRISTE, ES LO MÁS BELLO QUE EXISTE

Si hay alguien que todavía piensa que por ser homosexual no se puede conocer el amor verdadero, merecería estar en el Parque Jurásico, junto al resto de los dinosaurios. Porque la capacidad de amar no es exclusiva de ninguna orientación sexual, eso seguro.

La adolescencia, entre otras muchas cosas de las que ya hemos ido hablando, es también el período en el que experimentamos los primeros amores. Intentar definir lo que es el sentimiento amoroso roza lo ridículo. Si ya lo has experimentado, ¿qué te voy a contar? Y si todavía no ha llegado el momento, tranquilo, lo distinguirás perfectamente cuando llegue. Al fin y al cabo, has visto mil y una películas en las que ese sentimiento estaba descrito con pelos y señales. Por desgracia, casi ninguna de esas películas mostraba a dos chicos o a dos chicas enamoradas entre sí. No importa, los sentimientos son iguales independientemente de a quien vayan dirigidos.

Enamorarse de alguien de tu mismo sexo, especialmente en la juventud, puede suponer un problema gordo. A todo lo dicho anteriormente sobre las posibilidades de salir del armario con los amigos, hay que añadir ahora la situación de fragilidad emocional en la que nos coloca el estar enamorado. De modo que si nos enamoramos del chico de la primera fila o de la vecina de enfrente, ¿qué hacemos?

¿Cómo declararse?

Precaución, mucha precaución. Ante todo, tantear mucho el terreno: investigar sutilmente la posición de la persona amada con respecto a la homosexualidad, la apertura de su mente, y, lo más importante, si es gay o si es lesbiana. El acercamiento debe ser sutil, sin presionar. Un buen paso es hacerse amigo de esa persona. Una vez logrado, hay que seguir tanteando, lanzar pequeños anzuelos, a ver si los agarra, si sigue los dobles sentidos. Comprobar, en definitiva, si va por el mismo camino que nosotros.

Cuando se está enamorado, no obstante, la capacidad de pensar con frialdad se reduce a la mínima expresión. Por ello, podemos engañarnos con mucha facilidad y ver en esa persona las señales que queremos ver cuando en realidad no aparecen por ningún lado. Por eso, es siempre muy conveniente tener algún aliado en quien se pueda confiar, con quien se pueda hablar, a quien contarle los avances o retrocesos para que, desde una posición más distanciada, nos pueda aclarar la mente. Eso sí, sin seguir a pies juntillas los consejos ajenos, que uno ha de aprender por sí mismo. Y también, sin volver demasiado loco a este aliado, que uno se pone muy pesado cuando está enamorado.

Si por fin te decides a declararte, sería conveniente que primero hicieras una aproximación lo suficientemente clara como para que esa persona lo comprendiera, pero con el punto de ambigüedad suficiente para que si las cosas no marchan, puedas retirarte y convencerla de que ha sido un malentendido.

Al fin y al cabo, ¿qué puede pasar si me declaro?

Eso, ¿qué puede pasar? Hombre, si esa persona te corresponde, que vas a ser el chico o la chica más feliz del mundo y que se te van a ir todos los problemas y las inseguridades de golpe. Pero si no... analicemos varias posibilidades:

La persona elegida no es homosexual pero respeta tus sentimientos. Mala suerte. A lo mejor al abrirle tu corazón has conseguido un verdadero amigo y un cómplice para toda la vida. Si no estás fuera del armario, tal vez estaría bien que le pidieras que no contara tu declaración porque podría hacerte daño.

La persona elegida no es homosexual y no lleva bien ser deseado por una persona de su mismo sexo. Entonces, realmente, estás ante una persona con un problema de homofobia que no te interesa en absoluto. Sé que es más fácil decirlo que vivirlo en la propia carne, pero es así, créeme. No te merece alguien que no es capaz de respetar los sentimientos ajenos. Quiérete mucho y repítete esto varias veces al día. Si te saca del armario, olvídate de esa persona tan desagradable y concentra tus fuerzas en que esa salida del armario no te haga daño.

La persona elegida es homosexual pero no te corresponde. Pues mala suerte, oye. Me atrevería a decir que esto, como a todo el mundo, te va a suceder algunas veces en la vida. Es doloroso, parece que se va a hundir la tierra... pero no, no se hunde, y el tiempo todo lo cura. No sirve de nada que te lo digan, porque te vas a sentir fatal, pero todo pasa, tómalo con filosofía. Y tranquilo, hay muchos más gays y más lesbianas en el mundo, encontrarás la persona que te corresponda.

Gritarlo a todo el mundo

Una de las grandes desventajas de enamorarse siendo adolescente gay o lesbiana es que esa necesidad de gritar a todo el mundo que estás enamorado es difícil de combinar con vivir dentro de un armario. Ésta es otra razón para que busques ese cómplice, algún amigo o amiga con quien compartir, en este momento, ese amor que es tan fuerte que no lo puedes guardar tú solo en tu interior.

Además, aunque no lo grites, seguro que te van a notar que te pasa algo. Te vendría fenomenal tener varias personas con las que poder abrirte y que te pudieran apoyar si las cosas van mal (que no tienen por qué ir mal, pero más vale prevenir que curar). Incluso si el asunto sale bien e inicias un estupendo romance, está bien tener amigos con quienes compartirlo, a quienes mostrar esa felicidad tan inmensa. Lo dicho antes, que hay que hablar mucho, que las cosas guardadas como secretos bajo muchas llaves nos hacen enfermar. De todos modos, lo que siempre hemos hablado: mucha precaución, aunque ganemos terreno, todavía el camino no es igual de sencillo para nosotros, gays y lesbianas, que para los heterosexuales. Aunque todo llegará.

Qué importancia se le da en nuestra sociedad a esta palabra: sexo. Para algunas personas es algo terrorífico que hay que esconder en la medida de lo posible. Para otras, es lo más maravilloso del mundo y es en lo único en lo que se piensa. Probablemente, ni lo uno ni lo otro. En cualquier caso, la vivencia de la sexualidad es igualmente personal e intransferible. Cada uno se acerca al sexo según sus ideas, sensaciones, según se lo piden su cuerpo y su cabeza. Todas las aproximaciones al sexo son igualmente aceptables si se hacen desde la voluntad de todas las personas participantes, sin violencias ni abusos. Aquí sí que los juicios del vecino no pintan nada.

Es cierto que el sexo puede ser una gran fuente de placer, de comunicación, de expresión, de enriquecimiento. Pero también puede ser una fuente de preocupaciones. Por eso, tu aproximación al sexo ha de realizarse cuando te sientas preparado. No te sientas presionado, hay chicos y chicas que son muy precoces, y hay otros que tardan más en tener su primera experiencia. No hay una regla general.

Por descontado, debes alejar de tu cabeza cualquier relación del sexo con algo sucio y prohibido. Cuando tengas algún deseo sexual, no debes avergonzarte para nada. Si deseas tener sexo con alguien, lo único que necesitas es que esa persona esté de acuerdo contigo. Si es así, magnífico, eliminad cualquier sensación de vergüenza o de culpa.

¿Cómo se hace?

No te preocupes, la experimentación es algo natural en las relaciones sexuales. Tampoco debes tener vergüenza por no ser un amante experimentado. Déjate llevar por tu cuerpo y por tus sensaciones, y haz todo lo que se te ocurra, siempre que no fuerces a tu pareja a hacer algo que no desea. Del mismo modo, tú tampoco debes sentirte obligado a hacer algo que no te apetezca o para lo que no estés todavía preparado.

El sexo no es sólo, como creen muchos jóvenes, una cuestión genital. Es acariciarse, besarse, tratarse con mucho cariño, darse mucho afecto con todas las partes del cuerpo. Es, sobre todo, usar la imaginación. Aquí no te vamos a dar pistas sobre cómo tienes que practicar tu sexualidad, pero sí te vamos a recomendar que llames a un teléfono de ayuda para lesbianas y gays para consultar cualquier duda que tengas, por extraña que te parezca. Allí te van a atender con absoluta comprensión. No te dé ninguna vergüenza. Por muy rocambolesca que sea la cuestión que quieras plantear, al otro lado del teléfono vas a tener a una persona que ha atendido demandas mucho más inverosímiles.

Lo único que te vamos a decir aquí de manera categórica es una cosa: practica siempre sexo seguro. En esto sí que no puede haber medias tintas.

¿Sexo con riesgos? No, gracias

El sexo puede ser maravilloso, ¿quién va a negarlo? Pero también puede ser una fuente de problemas. Por descontado que es estupendo perder la cabeza y dejarse llevar por una relación sexual maravillosa... pero hasta cierto punto. Hay una serie de normas que nunca, nunca, puedes dejar de lado. Si no, lo que ha sido una relación estupenda, se puede convertir en un problema muy grave.

El sexo tiene sus riesgos, pero son conocidos y son perfectamente evitables. Para tener claro cuáles son dichos riesgos lo mejor es hablar claro y llamar a las cosas por su nombre. El riesgo se llama SIDA y otras enfermedades de transmisión sexual (ETS). Para evitarlas es imprescindible que cada vez que vayas a practicar una penetración (seas activo o pasivo) emplees un preservativo colocado correctamente desde el mismo comienzo. El sexo oral tiene un riesgo pequeño siempre que no se eyacule en la boca. El riesgo desaparece si se emplea igualmente un preservativo. En general, hay que evitar que el semen o el fluido vaginal entren en contacto con la sangre.

Nunca creas que la persona con la que estás «es de fiar». El SIDA y algunas otras ETS no tienen que ver ni con la juventud, ni con la apariencia de limpieza y seriedad de tu pareja. Tampoco tienen que ver con el amor. Por muy enamorado que estés, no debes bajar la guardia. Si te respetas y respetas a tu pareja, siempre sexo seguro. El condón es una prueba de amor.

Ya sé que muchas veces la ansiedad de tener una primera relación lleva a aceptar algunas situaciones que no son las ideales para iniciarse. Vale, el mundo no es perfecto. Pero si esta situación implica un riesgo porque ninguno de los dos lleva condones o porque tu pareja prefiere no usarlos, déjala correr. Hay muchas maneras de tener un sexo fantástico sin poneros en riesgo. Si tu pareja no lo acepta, de verdad, ya llegará otra oportunidad. Más vale dejar pasar una ocasión que jugar a la ruleta rusa.

En el sexo en pareja la palabra clave es negociación. Siempre debes negociar con tu pareja lo que deseáis hacer, lo que os gusta y lo que no, hasta dónde estáis dispuestos a llegar. Esa negociación no tiene que realizarse sentándose a firmar un contrato. Puede ser sin palabras, mientras vais experimentando, juego a juego. Pero, insisto una vez más y todas las que haga falta, el condón no es negociable.

No vamos a seguir hablando de los padres y hermanos, de la necesidad de salir del armario o de guardar el secreto. Ahora vamos a tratar de la posibilidad futura de formar tu propia familia. Si alguna vez has oído que los gays y las lesbianas no podemos formar verdaderas familias, es que has escuchado a alguien que no se entera de nada.

Puesto que nos enamoramos y tenemos capacidad de emparejarnos, podemos organizar nuestra propia familia. No es imprescindible, hay gente que prefiere vivir sola y no pasa nada. Es cuestión de gustos. Pero si tú decides optar por formar una familia, desde luego no tendrás mayores problemas que una persona heterosexual. El único problema es encontrar a tu pareja. Pero para eso tienes todo el tiempo del mundo, no te apresures.

Incluso antes de que existiera en España la posibilidad de contraer matrimonio, ya había montones de familias homosexuales. Porque el matrimonio es una forma de entender la pareja que te otorga ciertos derechos, pero la familia, en realidad, es un núcleo de personas que conviven, que se dan apoyo mutuo y que tienen un proyecto de vida en común.

Hay muchos gays y lesbianas que consideran como su familia a su grupo de amigos y amigas, aquellos con los que forman una piña de apoyo y asistencia ante las posibles agresiones exteriores. Son gente que, o bien porque deciden no emparejarse, o porque no han tenido suerte en esta cuestión, optan por tener esa familia «especial».

Pero aquí nos referimos más bien a una familia más convencional: dos personas que se quieren y, tal vez, sus hijos.

Nuestros hijos

Cuántas veces escuchamos hablar de «nuestros hijos» en boca de heterosexuales que no se plantean que las lesbianas y los gays también podemos tenerlos. Que muchos, de hecho, ya los tienen.

Cuando te llegue el momento, tienes varias posibilidades:

Si eres chica, no hay mayor problema, tú decides cuándo y cómo tener tus hijos. O bien eliges un padre entre tus amigos (con el que podrías tener una relación sexual o que te podría donar su semen), o bien acudes a una clínica de inseminación artificial. En España, cualquier mujer puede hacerlo, sea heterosexual o sea lesbiana. También, claro está, puedes adoptar.

Si eres chico, la cosa se complica un poco más, pero no es imposible. También puedes llegar a un acuerdo con una amiga y formar la familia que decidáis. Pero si no es así, puedes adoptar. Lo puedes hacer tú solo o con tu marido. Probablemente algunos países pondrán más pegas que si fuerais un matrimonio heterosexual, pero no te preocupes, hay muchos gays que han conseguido adoptar.

Así que no te calientes la cabeza con esta historia. Ya es posible tener hijos, y cada día es más fácil. Otro tema que tampoco debe preocupar a nuestras madres: los nietecitos pueden llegar. Si así lo deseamos algún día.

¿Y SI SOMOS RELIGIOSOS?

El sentimiento religioso no es para nada incompatible con ser gay, lesbiana o bisexual. Hay muchos jóvenes que le dan una gran importancia a ese sentimiento y no quieren prescindir de él. Otros, en cambio, se sienten expulsados de sus religiones por la actitud tan cerrada y negativa que éstas mantienen frente a la homosexualidad.

La verdad es que la mayoría de las jerarquías religiosas se lo pone muy difícil a gays, lesbianas y bisexuales. Pero una cosa es la actitud de esas jerarquías y otra el convencimiento íntimo de las personas que experimentan una fe, sea ésta la que sea.

En concreto, la jerarquía de la iglesia católica (la mayoritaria en España) se muestra muy beligerante contra los homosexuales y contra la progresión de nuestros derechos. Lo justifican basándose en algunos párrafos de la Biblia en los que se condena la sodomía. Pero, primero, esos fragmentos se escribieron hace miles de años, en contextos muy diferentes al nuestro. Segundo, si se hace caso a todo lo que aparece en un lugar u otro de la Biblia, los derechos de las mujeres estarían por los suelos, y habría que volver a practicar la lapidación. Y, tercero y más importante para los cristianos, Jesucristo no dijo absolutamente nada contra las relaciones homosexuales. El Evangelio no tiene ni un solo rasgo de homofobia.

De modo que hay muchos cristianos que se enfrentan a su jerarquía por éste y por otros muchos motivos (el sacerdocio femenino, el celibato obligatorio de los sacerdotes, etc.). Se trata de un tema muy personal que cada uno debe resolver según su propia conciencia. Lo cual no quiere decir que haya que hacerlo en solitario. Hay muchos grupos de lesbianas y gays creyentes a los que te puedes acercar para compartir esas vivencias espirituales y para conocer de primera mano cómo otras personas hacen compatibles homosexualidad y religión.

Otras religiones

En España, la inmensa mayoría de la población es formalmente católica, pero las cosas están cambiando rápidamente con la llegada de inmigrantes de países musulmanes, protestantes, etc. Los gays y lesbianas de estas comunidades lo tienen más difícil para encontrar grupos en los que apoyarse, pero todo es cuestión de tiempo. Por el momento, hay grupos que hacen encuentros ecuménicos. Es decir, que se unen diferentes credos para compartir sus creencias en un Dios común, aunque cada uno lo interprete a su manera.

Para la población musulmana hay un libro que puede servirles de gran ayuda. Se trata de *Mis problemas con el Islam*, de Irshad Manji, una lesbiana musulmana que plantea sus serias dudas acerca de la interpretación tan restrictiva que a menudo se hace del Corán. Según su propia experiencia, lesbiana —o gay— y musulmana —o musulmán—, no son términos contradictorios.

Hay religiones, aunque con poca implantación en España, que no son tan hostiles con la homosexualidad. En algunas protestantes se permite la ordenación de sacerdotes e incluso obispos homosexuales. También hay algunas iglesias que admiten explícitamente a fieles gays y lesbianas, dando así un ejemplo de respeto del que deberían tomar ejemplo otras religiones más mayoritarias.

Internet, en esto como en cualquier otro tema, te puede servir de ayuda. Basta con que en el buscador juntes la palabra «homosexualidad» con la de la religión en la que estés interesado.

LA HISTORIA NO ES SIEMPRE ABURRIDA...
NI HETEROSEXUAL

La Historia es como una novela. Puede ser muy aburrida o muy divertida, según quien la escriba. Además, puede ser muy útil, porque nos ayuda a comprender muchas cosas de nuestro presente. Puede parecer una tontería, pero gays y lesbianas nos quedamos mucho más a gusto, con la autoestima más alta, cuando descubrimos que a lo largo de la Historia siempre ha habido personas que han querido a otras de su mismo sexo, que siempre ha habido diferentes formas de familia, y que las normas estrictas en las que no encajamos y que algunos intolerantes intentan dictarnos no son universales.

Pero hay que rebuscar un poquito, claro. Desde luego, no hay que creerse a pies juntillas todo lo que se ha escrito. A lo largo de los siglos, muchos historiadores se han puesto verdaderamente las pilas para suprimir de los libros cualquier rasgo de homoerotismo (o sea, de amor entre iguales). Éste no es un libro de historia, tú tendrás que continuar tu aprendizaje en otros libros, pero te vamos a dar unos pequeños apuntes para que no andes demasiado despistado.

Otras culturas, otras formas de entender el sexo

En la Antigua Grecia, las relaciones entre un hombre maduro y un jovencito (incluidas las sexuales) eran consideradas como un sistema de aprendizaje no sólo habitual, sino valiosísimo. Numerosos filósofos, como Platón y Sócrates, tuvieron predilección por los chicos guapos. Alejandro Magno, uno de los grandes conquistadores de la Historia, tuvo dos apasionados amores en su vida: su compañero de armas Hefestión y su criado persa Bagoas. Safo, una gran poetisa, vivió en la isla de Lesbos rodeada de sus jóvenes amadas, y cantó en sus poemas al amor entre mujeres.

La cosa era tan normal que incluso en sus mitos (su religión) estaba representada la homosexualidad. Zeus, el dios de dioses, raptó en forma de águila al joven Ganímedes para llevarlo con él. En *La Ilíada*, el amor de Aquiles y Patroclo es tan grande que, cuando éste muere, aquél enloquece y monta una carnicería entre sus enemigos.

En Roma, las relaciones entre hombres también formaron parte de lo cotidiano (las mujeres, en aquella época tenían una consideración un poco por debajo del varón, la verdad, y su sexualidad no se consideraba importante), y hay muchos textos de poetas famosos que escribieron sobre sus enamorados. Del gran Julio César se decía que era el marido de todas las mujeres y la mujer de todos los maridos. Y famoso fue el amor del emperador Adriano por Antinoo. Al morir éste, su pareja ordenó colocar estatuas con su imagen por todas partes.

En la época gloriosa del Islam, también hubo numerosos escritores que alabaron las delicias del amor entre varones. Cuando los españoles llegaron a América, y posteriormente los ingleses a América del Norte, encontraron no pocas civilizaciones en las que las relaciones que hoy calificaríamos de gays estaban a la orden del día.

También podríamos hablar de las culturas oceánicas, así como de las fuertes relaciones sentimentales que se establecían entre los samuráis japoneses, pero como muestra ya es suficiente.

Borrados de la Historia

Durante siglos, la Iglesia de Roma se encargó de borrar todo lo que consideraba pecado de sodomía (homosexualidad). Quemó a muchos en la hoguera, a pesar de que algunos obispos, e incluso papas, tenían bastante que esconder al respecto.

Sin embargo, la permanente represión, no consiguió acabar con ese amor que calificaba de «pecado nefando». Shakespeare escribió unos hermosos sonetos a un misterioso enamorado; el pintor Caravaggio fue famoso por su vida libertina y sus amantes masculinos; el mis-

69

mísimo Miguel Ángel, autor de los frescos de la Capilla Sixtina (algo así como la joya de la corona del Vaticano), también fue otro homosexual famoso. Al igual que Leonardo da Vinci y otros muchos.

En España también hubo algún que otro rey homosexual (que le pregunten a Isabel II por su marido), pero ninguno tan famoso como Eduardo II de Inglaterra, cuya historia de amor fue inmortalizada en una obra de teatro de Christopher Marlowe (otro gran homosexual): antepuso a su amado Gaveston a los intereses de su reino.

Reaparición en el siglo XX

Con el siglo XX, se empezó a hablar de homosexualidad en voz alta. En Alemania hubo un científico de nombre un poco complicado, Magnus Hirschfeld, que luchó con uñas y dientes para conseguir que las relaciones entre personas del mismo sexo fueran legalizadas. Creó una gran asociación y juntó miles de documentos sobre el tema. Grandes personalidades del mundo de la cultura le apoyaron... Pero llegaron los nazis. El horror nazi cayó también sobre gays y lesbianas. Miles de ellos terminaron en los campos de concentración.

Los esfuerzos por conseguir la liberación de gays y lesbianas se quedaron un poco estancados tras la II Guerra Mundial; pero en 1969, estalló en Nueva York la revuelta de Stonewall (conocida así por el bar en el que tuvo lugar). Allí, un grupo de homosexuales y transexuales, hasta las narices de que la policía no los dejara en paz, se rebeló y montó una buena movida. Cientos de lesbianas, gays y transexuales se les unieron y estuvieron tres días de revuelta. A partir de esta explosión, se crearon un montón de grupos de liberación LGTB por todo el mundo. Éste se considera el inicio del movimiento moderno, y a partir de esa movilización se fueron consiguiendo todos los derechos de los que ahora gozamos. Por eso, nunca hay que olvidar que esto ha sido posible gracias al esfuerzo de una gente muy luchadora y muy valiente.

En España, mientras tanto...

La Historia de España en el siglo XX es bastante particular. Los 40 años de la dictadura de Franco machacaron a gays y lesbianas. Tuvieron que vivir escondidos, disimulando permanentemente su condición. Los que no lo hicieron terminaron en las cárceles del régimen.

Con la llegada de la Constitución, se estableció la igualdad de todos los españoles y españolas y comenzó, aquí también, el movimiento LGTB. Poco a poco, se fueron «arrancando» derechos, aunque la sociedad y los políticos se mostraban un tanto recelosos. Habían sido muchos años de educación antihomosexual, y eso cuesta mucho superarlo. Pero la sociedad española estaba muy harta de la represión franquista y al salir de ese

periodo oscuro tenía claro que quería un país de libertades, donde nadie más fuera castigado por ser diferente.

Tal vez, éste es el motivo por el que España se ha
puesto a la cabeza de los países que respetan la diversidad sexual. Y por eso se ha llegado a la igualdad legal
con la obtención del matrimonio para personas del
mismo sexo. Algunas personas han luchado de manera
tremenda contra este matrimonio. No son capaces de
aceptar que lesbianas y gays seamos exactamente
—pero exactamente— iguales a ellas. Es lo que,
como sabes, se llama homofobia. Tendrán que ir
acostumbrándose.

El matrimonio en sí no es lo más importante. Lo fundamental es que la igualdad plena es una cuestión de
dignidad. Ahora que somos todos y todas iguales, cada
cual que decida cómo quiere organizar su vida.

¿Ha habido lesbianas y gays importantes en España?

Por supuesto que los ha habido. El homosexual
más conocido tal vez sea Federico García Lorca, uno
de los poetas y autores de teatro más importantes de
la Historia. Ser homosexual y de izquierdas lo llevó a
la muerte. Lo fusilaron en Granada cuando todavía era
muy joven.

El que más y el que menos, todos los homosexuales se han tenido que ir buscando la vida. El premio Nobel de literatura Jacinto Benavente hizo una vida en cierto modo abiertamente gay. En los círculos literarios todo el mundo lo sabía, pero tampoco se decía públicamente. El cantante Miguel de Molina, en cambio, no tuvo tanta suerte, y en los años 40 del siglo XX se tuvo que exiliar a la Argentina tras recibir una buena paliza.

En los años 80 y 90 cada vez aparecieron más y más figuras públicas que reconocían que eran gays. Ha habido ministros, políticos, deportistas, cantantes, presentadores de televisión, bailarines, escritores, etc. Y, sobre todo, gente corriente. La asignatura pendiente sigue siendo la visibilidad de las lesbianas. Por las especiales características de la represión que han vivido las mujeres, en la esfera pública todavía es muy difícil ver mujeres que se reconozcan lesbianas. Pero haberlas, haylas, y más que va a haber.

EL ORGULLO GAY Y OTROS SÍMBOLOS

Aunque es conocido habitualmente como Orgullo Gay, en realidad es preferible llamarlo Orgullo LGTB, porque así expresa la diversidad: lesbianas, trans y bisexuales también están incluidos. El día del Orgullo es el 28 de junio y recuerda el nacimiento del movimiento LGTB moderno con la revuelta de Stonewall que hemos comentado en un capítulo anterior.

Alguna gente critica que hablemos de orgullo: ¿por qué hay que estar orgullosos de algo que es así porque sí y que no se puede cambiar?, ¿es que acaso los heterosexuales se muestran orgullosos? Sin duda alguna, los heterosexuales se muestran orgullosos permanentemente de ser como son. Hasta el punto de que a menudo ignoran (o incluso algunos desprecian) que se pueda ser de otra manera. Si un homosexual lleva algún signo visible se le dice que hace ostentación, pero si un taxista lleva en el taxi la foto de su mujer, todo el mundo lo ve como algo normal.

Lesbianas y gays hemos sufrido durante mucho tiempo un bombardeo de ideas equivocadas y negativas, insultantes, sobre cómo somos. Si observamos algunos medios de comunicación, todavía podemos recortar un montón de artículos en los que se dicen de nosotros muchas barbaridades: que no podemos educar niños, que somos un perjuicio para la sociedad, que somos enfermos, etc. Todo esto nos hace un daño psicológico enorme. Para superarlo, es imprescindible tener claro que ser gay, ser lesbiana, bisexual o transexual, es fantástico. Es estupendo, y podemos y debemos estar orgullosos por ser como somos, y por haber sabido aceptarnos en contra de las opiniones y la agresividad de muchos.

Es cuestión de dejar nuestra autoestima en el lugar que merece, no de considerarse mejor que nadie. Nadie es mejor por ser gay, pero tampoco peor. Para recibir un poco de ayuda exterior frente a esa avalancha de prejuicios o, cuando menos, de silencio sobre nuestra realidad, se han creado una serie de símbolos que nos ayudan a sentirnos bien con nuestra forma de ser y a aumentar una visibilidad que es imprescindible. Aquí te explicamos brevemente el sentido de dichos símbolos y de algunos de los conceptos que forman parte de lo que algunos denominan cultura gay.

Manifestación del Orgullo

¿Por qué será que todo lo que hacemos lesbianas, gays y transexuales siempre es criticado? La manifestación del orgullo levanta cada año un montón de polémicas. Lo que hacemos ese día es salir a la calle a hacernos visibles, a festejar que nos sentimos felices y a compartir esa felicidad con quien nos quiera y desee compartirla. También, y esto es muy importante, a reclamar determinadas cuestiones. Hasta ahora, claro, reclamábamos igualdad de derechos. Pero ahora que las hemos conseguido todavía quedan asuntos por solucionar: que se eduque a los niños en la diversidad, que se hagan campañas para prevenir la homofobia, que se eliminen las discriminaciones que sufren los/las transexuales, que haya mayor protección para los enfermos de SIDA, que haya mayor prevención y se fomente el sexo seguro, que las autoridades se acuerden de la población LGTB de la tercera edad, etc.

¿Hay algo de malo en reivindicar con carácter festivo? Hay personas que prefieren acudir a esa manifestación con pancartas y consignas, otras se suben disfrazadas a carrozas, otras van sencillamente con un grupo de amigos sin plantearse nada más... Hay espacio para todas y todos. Cada uno puede manifestarse como se sienta más a gusto. Nadie representa a nadie, cada uno debe representarse a sí mismo.

Bandera del arco iris

Es la bandera que identifica al movimiento LGTB. Sus colores significan la diversidad, la pluralidad de formas de entender el mundo de los afectos. No es una bandera excluyente, dentro de esa diversidad también está incluida, por supuesto, la heterosexualidad.

Triángulo rosa

Un triángulo rosa invertido era el signo con el que se marcaba a los homosexuales en los campos de concentración nazis. Le hemos dado la vuelta y hemos dicho: creíais que ibais a acabar con nosotros marcándonos de esta manera, pues nosotros vamos a hacer de ese triángulo el símbolo de nuestro renacimiento, de nuestra dignidad.

Himnos

No es que sean himnos oficiales, pero en España ha habido dos canciones que han marcado un poco la vida de las lesbianas y los gays. En una, *Mujer contra mujer*, de Mecano, descubrimos en la música pop que dos mujeres se pueden querer y que nada importa lo que diga el resto del mundo. En la otra, *A quién le importa*, de Alaska y Dinarama, encontramos la energía para gritar bien alto todo lo que en ella se dice, que es, palabra por palabra, lo que todos y todas necesitábamos para reafirmar nuestra libertad y nuestro derecho a ser como somos. Aquí van las dos letras de las canciones, para que las leas cuando te encuentres de bajón.

Sin complejos

Mecano
Mujer contra mujer

Nada tienen de especial
dos mujeres que se dan la mano
el matiz viene después
cuando lo hacen por debajo del mantel.

Luego a solas,
sin nada que perder
tras las manos
va el resto de la piel.

Un amor por ocultar,
aunque en cueros no hay donde esconderlo
lo disfrazan de amistad
cuando sale a pasear por la ciudad.

Una opina que aquello no está bien
la otra opina que qué se le va a hacer
Y lo que opinen los demás está de más.

Quién detiene palomas al vuelo
volando a ras del suelo,
mujer contra mujer.

No estoy yo por la labor
de tirarles la primera piedra,
si equivoco la ocasión
y las hallo labio a labio en el salón.

El Orgullo Gay y otros símbolos

Ni siquiera me atrevería a toser,
si no gusto,
ya sé lo que hay que hacer.
Y con mis piedras hacen ellas su pared.

Quién detiene palomas al vuelo,
volando a ras del suelo,
mujer contra mujer.

Una opina...
(se repite)

Quién detiene...
(se repite 2 veces)

Alaska y Dinarama
A quién le importa

La gente me señala,
me apuntan con el dedo,
susurra a mis espaldas
y a mí me importa un bledo.
Qué más me da,
si soy distinta a ellos,
no soy de nadie,
no tengo dueño.
Yo sé que me critican,
me consta que me odian,
la envidia les corroe,
mi vida les agobia.

SIN COMPLEJOS

¿Por qué será?
Yo no tengo la culpa,
mi circunstancia les insulta.
Mi destino es el que yo decido,
el que yo elijo para mí.
¿A quién le importa lo que yo haga?
¿A quién le importa lo que yo diga?
Yo soy así, y así seguiré, nunca cambiaré.
¿A quién le importa lo que yo haga?
¿A quién le importa lo que yo diga?
Yo soy así, y así seguiré, nunca cambiaré.
Quizá la culpa es mía
por no seguir la norma,
ya es demasiado tarde
para cambiar ahora.
Me mantendré
firme en mis convicciones,
reforzaré mis posiciones.
Mi destino es el que yo decido
el que yo elijo para mí.
¿A quién le importa lo que yo haga?
¿A quién le importa lo que yo diga?
Yo soy así, y así seguiré, nunca cambiaré.
¿A quién le importa lo que yo haga?
¿A quién le importa lo que yo diga?
Yo soy así, y así seguiré, nunca cambiaré.
¿A quién le importa lo que yo haga?
¿A quién le importa lo que yo diga?
Yo soy así, y así seguiré, nunca cambiaré.

El gueto

Hay algunos barrios en muchas ciudades del mundo en los que hay una gran concentración de población LGTB, así como comercios, bares y otros espacios de ocio y cultura especialmente pensados para homosexuales. En España, los más grandes y conocidos son Chueca en Madrid y el Gaixample en Barcelona. Tal vez hayas oído hablar de estas zonas como «guetos». Este término tiene algo de despectivo, porque un gueto es el espacio en el que se encerraba a determinados colectivos para separarlos del resto de la población. Vamos, que los nazis hicieron guetos para los judíos, la Sudáfrica racista hizo guetos para los negros, etc.

Los barrios gays no tienen nada que ver con eso. Escuches lo que escuches de ellos, lo mejor es que los conozcas por ti mismo. No son espacios cerrados ni exclusivos. Allí conviven gentes de todo tipo. Son, sencillamente, espacios donde la libertad está garantizada, donde nadie se sorprende si ve una pareja del mismo sexo, donde no hay posibilidad de discriminación. Por eso, muchos gays y lesbianas se encuentran más cómodos en esos barrios. Pero, por descontado, ni todos ellos viven allí ni todos los que viven en esos lugares son homosexuales.

Por otra parte, para ligar, hacer amigos y charlar sobre estas cuestiones, siempre hay más posibilidades de conocer lesbianas o gays en lugares donde hay muchos. Es una cuestión, en suma, de economía de tiempo. En ningún caso debemos pensar que estos son nuestros espacios y el resto son los espacios heterosexuales. No se trata de eso. Todos los lugares, todos los barrios, todas las ciudades españolas son espacios para todos los ciudadanos, independientemente de su orientación sexual. Así que, con cierta precaución (ya hemos hablado de que la homofobia todavía pervive), siéntete libre en todas partes, no creas que debes encerrarte porque no es así.

Encontrar un buen libro en el que veamos descritas nuestras inquietudes, nuestros problemas, en el que nos sintamos reflejados, acompaña mucho, ayuda a mejorar nuestra autoestima y nos ayuda a manejar más información, a estar más preparados para combatir las posibles agresiones verbales o intelectuales que puedan venir del exterior. Si para todo el mundo leer es fundamental, para lesbianas, gays, transexuales y bisexuales es radicalmente imprescindible. A veces, un buen libro es lo único que tenemos para no sentirnos solos en el mundo. Si eres aficionado a la lectura, no tengo más que decirte, pero si no te gusta leer, haz un esfuerzo y busca bien, te sorprenderá lo útil que puede serte.

Aquí te damos algunas recomendaciones de literatura enfocada específicamente para jóvenes. Por supuesto, tú puedes encontrar otras muchas lecturas, según tus gustos y preferencias:

AROLD, M. *Sandra ama a Meike,* Ed. Lóguez, 1997. Sandra se siente fascinada por los ojos de Meike. Esto la lleva a plantearse si esa fascinación no se llama amor. Una de las pocas visiones del lesbianismo adolescente que podemos encontrar.

83

CELA, J. *La llamada del mar*. Ed. La Galera, 1996.

Un joven de 17 años explica sus sentimientos a su madre tras ser sorprendido por ésta en actitud cariñosa con su novio. En una larga conversación se van recorriendo todos y cada uno de los temas que pueden preocupar a alguien que está saliendo del armario o a cualquiera de sus familiares, amigos o educadores.

DOWNING, M. *Desayuno con Scot*. Ed. Egales, 2000.

Una pareja de hombres se ve obligada a educar al hijo de una amiga que acaba de fallecer. Su sorpresa será mayúscula al descubrir que el chico es mucho más gay que ellos. Novela cómica de un ritmo trepidante que pone en solfa muchos prejuicios.

EDELFERLDT, I. *Jim ante el espejo*. Ed. Lóguez.

Un adolescente descubre su homosexualidad con dolor y soledad, lo que le lleva a aislarse y sentirse como un bicho raro. El proceso de aceptación de la identidad gay está descrito con mucha precisión, y cualquier gay o lesbiana puede identificarse con él.

FORSTER, E.M. *Maurice*. Ed. Seix Barral, 1990.

Narra el proceso de aceptación de la homosexualidad de un joven británico, nada menos que en ¡1917! Su autor, gay él mismo, se atrevió a escribirlo en ese año, pero no se publicó hasta después de su muerte, en 1971. Toda una joya literaria y una descripción precisa del proceso.

FOX, P. *La cometa rota.* Ed. Noguer.
Un joven descubre que su padre es homosexual y, posteriormente, que está enfermo de SIDA. En poco tiempo, tiene que aprender a aceptar que su padre se ha visto obligado a mentir durante toda su vida a causa de la presión social, y que la enfermedad no le da mucho margen para tomar decisiones.

PEYREFFITE, R. *Las amistades particulares.* Ed. Egales, 2000.
Con grandes dosis autobiográficas, uno de los grandes escritores franceses contemporáneos relató, en 1944, el amor de dos adolescentes en un internado religioso en el que la tolerancia y la comprensión brillaban por su ausencia. Una obra maestra de la literatura. de una valentía fuera de lo común.

REES, D. *Sobreviviré.* Ed. Egales.
Esta novela hace gala de una franqueza y sensibilidad poco habituales y narra la trayectoria de un adolescente hacia una identidad gay positiva. Crecer siendo gay, empezar a darte cuenta de lo que eres. Sentirte único. Este relato fue utilizado en el Parlamento Británico como argumento para la derogación de la «Cláusula 28», ley que prohibía hablar de la homosexualidad en las escuelas.

RENAULT, M. *El muchacho persa*. Ed. Mondadori.
Si te gusta la novela histórica, te apasionará la historia de Alejandro Magno contada por su criado y amado Bagoas. El mito del gran Alejandro narrado tanto desde la perspectiva histórica como desde la humana, incluido el gran amor que sintió por su compañero de armas Hefaistión.

Libros de autoayuda

Si te apetece saber más acerca de algunos temas concretos relacionados con la homosexualidad, existe una colección en la que se tratan monográficamente distintos aspectos de la realidad de lesbianas y gays. Están escritos en un lenguaje sencillo, ideal para jóvenes, y son libros breves de muy agradable lectura. La colección se llama Despliega tus alas (Editorial Gay Saber). Estos son, en concreto, los libros que pertenecen a esa colección y en los que podrás encontrar más desarrolladas muchas de las cuestiones que hemos tratado en estas páginas:

¿Seré gay?, de Ana Belén Gómez.
Pensado especialmente para chicos, expone de forma sencilla, pero rigurosa, algunos de los condicionantes que pueden acompañar la aceptación de la propia homosexualidad.

¿Seré lesbiana?, de Boti Gª Rodrigo y Beatriz Gimeno. Es la versión para jóvenes lesbianas del libro comentado anteriormente. Ayuda a responder a preguntas tan fundamentales como «¿qué me pasa?», «¿seré lesbiana?», y a aceptar determinados sentimientos desde la alegría y la seguridad.

¿Cómo sobrevivir en el ambiente? Consejos útiles para disfrutar tu homosexualidad, de Paul van Scherpenzeel.

El ambiente homosexual posee unas reglas que no siempre son sencillas de descifrar para alguien sin mucha experiencia. En este libro se facilitan algunas claves para desenvolverse en él y poder disfrutar de todas sus posibilidades.

¿Dónde está el límite? Guía gay para un sexo seguro, de Alberto Martín-Pérez.

Eres tú quien pone límites a tu sexualidad. Para colocarlos, es preciso conocer las posibilidades que ofrecen el propio cuerpo y los de los demás. Ese conocimiento ayudará a que el sexo se convierta en algo más placentero al mismo tiempo que más seguro.

Cómo superar la homofobia. Manual de supervivencia en un medio hostil, de Jesús Generelo.

La homofobia está presente, por desgracia, en todos los rincones. Hoy por hoy, ser gay, lesbiana, transexual o bisexual tiene ciertos riesgos. Con este libro puedes aprender a conocerlos y también a superarlos sin complicaciones.

¿Seré bisexual?, de Darío López.

En ocasiones, ser bisexual puede generar más incomprensión que ser gay o lesbiana. Los bisexuales son puestos en cuestión por muchas personas heterosexuales, pero también por muchas homosexuales. Este libro despeja con claridad muchos prejuicios e ideas erróneas sobre la bisexualidad.

¿Vives rodeado de heterosexuales?, de Mario Suárez.

Ofrece claves para actuar eficazmente y con buen humor ante determinadas situaciones de conflicto que pueden generarse en la propia familia, con los amigos, en el instituto, en los espacios de ocio, etc.

Y si lo que quieres es que tus padres, hermanos, amigos o familiares te comprendan un poco mejor, también puedes conseguirles una buena lectura que les aclare un poco más las ideas y que les ayude a verte como lo que eres: fundamentalmente, una persona que los quiere; y no únicamente como un/a homosexual:

Hasta en las mejores familias. Todo lo que siempre quiso saber sobre la homosexualidad de sus hijos, familiares y amigos pero temía preguntar, de Jesús Generelo (Ed. Egales, 2004.)

Durante muchos años, el cine fue territorio exclusivamente heterosexual. Cualquier insinuación de disidencia sexual estaba terminantemente prohibida o, como poco, condenada al final trágico de sus protagonistas. Las pantallas no conocían las relaciones entre hombres o entre mujeres, y si algún personaje se atrevía a dar el salto terminaba, necesariamente, como el rosario de la aurora.

Pero ahora, esto que te cuento no son sino batallitas de otras épocas. Ahora hay montones de películas en las que aparecen personajes LGTB, donde hay situaciones en las que puedes verte reconocido/a. A poco que busques, vas a encontrar con facilidad alguna que responda a tus aficiones cinematográficas. La lista que se propone más abajo se refiere exclusivamente a aquellas películas en las que aparecen niños, adolescentes o jóvenes lesbianas, gays, bisexuales o, en menos ocasiones, transexuales. Disfrútalas y recomiéndalas a tus amigos, seguramente van a aprender mucho con ellas.

Las amistades particulares, Jean Delannoy, 1964.
Basada en la novela del escritor francés Roger Peyrefitte, es el valiente relato del drama que viven dos preadolescentes por atreverse a enamorarse en un inter-

89

nado en el que las «amistades particulares» están dura-
mente sancionadas. Cuenta con fidelidad los malos
momentos por los que han pasado numerosos gays y
lesbianas.

Ataque verbal, Miguel Albaladejo, 1999.
Un chico de 15 años sale del armario en una divertida
conversación con su compañero de tienda de campaña.
Humor para desdramatizar un momento difícil.

Beautiful thing, Hetti MacDonald, 1996.
A medio camino entre la comedia y el drama, una
bellísima historia de amor entre dos chicos que habitan
en los suburbios londinenses.

Boys don't cry, Kimberly Peirce, 1999.
Tragedia basada en el caso real de Brandon Teena,
un joven transexual masculino que fue asesinado al
descubrirse que su cuerpo era de mujer. Explica muy
bien la diferencia entre ser una mujer que ama a las
mujeres y un hombre heterosexual atrapado en un
cuerpo femenino.

Criaturas celestiales, Peter Jackson, 1994.
Años antes de obtener el Oscar por *El señor de los
anillos*, Peter Jackson contó con una imaginación des-
lumbrante el caso real de dos chicas adolescentes que
asesinaron a sus padres ante la impotencia de ver sus
relaciones prohibidas por la incomprensión familiar.

En malas compañías, Antonio Hens, 2000.
Extraordinario cortometraje que cuenta con gran sentido del humor el descubrimiento de la promiscuidad por parte de un chico de 16 años.

¿Entiendes?, Stéphane Giusti, 1998.
Comedia de enredos en la que un grupo de jóvenes gays y lesbianas traza un plan para salir del armario ante sus familiares.

Fucking Åmål, Lukas Moodyson, 1998.
La triste vida de una adolescente en una ciudad de provincias sueca se ve complicada al caer perdidamente enamorada de una compañera del instituto.

Get real, Simon Shore, 1998.
Un despierto adolescente gay se enamora de un chico de su instituto que, sorprendentemente, le corresponde. El único problema es que éste tiene pánico a salir del armario.

Historias del Kronen, Montxo Armendáriz, 1995.
Retrato hiperrealista de un sector de la juventud española. En él está incluido el pánico a sentirse homosexual y la dificultad de reconocerlo en un mundo machista y homófobo.

La increíble y verdadera historia de dos chicas enamoradas, Maria Maggenti, 1995.
Si una adolescente se enamora de otra, es un problema; pero si una es negra y de buena familia y la otra blanca y pobre, las complicaciones se multiplican. Una

de las pocas películas en las que aparece una familia con dos madres lesbianas.

Los juncos salvajes, André Téchiné, 1994.
Una de las películas que mejor han descrito la salida del armario de un adolescente. Una obra maestra del cine francés.

Krámpack, Cesc Gay, 2000.
Verano en un pueblo costero. Nico y Dani pasan juntos las vacaciones. En este período, uno de ellos comprende que sus sentimientos no son de simple amistad. Descubrimiento de la homosexualidad sin dramas ni tragedias. Apuesta por la normalización.

El largo día acaba, Terence Davies, 1992.
Claramente autobiográfica, describe de un modo impresionista los recuerdos de infancia de su director. Aunque no explicita la homosexualidad, sí que sugiere las primeras sensaciones homoeróticas.

La mala educación, Pedro Almodóvar, 2004.
La frustración del amor de dos niños que comparten un internado religioso y los abusos a los que es sometido uno de ellos por parte de un sacerdote tendrán, en el futuro, graves consecuencias.

Manjar de amor, Ventura Pons, 2002.
Primer amor de un joven gay. Su madre lo descubre y sufre un verdadero shock. Para superarlo, acude a un grupo de autoayuda para madres de gays.

La máquina de fruta, Philip Saville, 1988.
Imposible cuento de hadas contemporáneo en el que dos jóvenes gays huyen de sus casas para poder vivir su amor libremente. Pero la sociedad por la que transitan no les dejará tan tranquilos como ellos desean.

Lo más natural, Josefina Molina, 1995.
Aunque en una trama secundaria, se trata, probablemente, de la primera película que en el cine español trató el tema del lesbianismo adolescente. Una jovencita confiesa a un aturdido Miguel Bosé que se ha enamorado de una amiga.

Maurice, James Ivory, 1987.
Clásico sobre la asunción de la propia homosexualidad. Retrata con fidelidad los sentimientos por los que suele pasar un gay o una lesbiana hasta aceptar su orientación sexual. Esta película marcó profundamente a numerosos gays en el momento de su estreno.

Mi vida color de rosa, Alain Berliner, 1997.
Sorprendente película con forma de cuento de hadas. Por primera vez se muestra a un niño transexual y las dificultades que su familia tiene para aceptarlo. Visualmente muy imaginativa, debería ser de visionado obligatorio en todas las escuelas. Un canto a la tolerancia.

Sitcom, François Ozon, 1998.
Película de tono surrealista. En una de sus escenas más divertidas, el hijo de la peculiar familia protagonista

sale abruptamente del armario en una cena en la que están todos reunidos.

El tiempo de la felicidad, Manuel Iborra, 1997.

La hija adolescente transmite a su madre las dudas que siente sobre su sexualidad. La madre, Verónica Forqué, las acepta con normalidad y da a su hija todo su apoyo.

Trevor, Peggy Rajski, 1994.

Obtuvo el Oscar al mejor cortometraje. Con humor, pero sin disimular para nada el drama, cuenta las dificultades que vive un preadolescente que se sabe gay desde hace mucho tiempo. Genial y precisa descripción de lo que es la adolescencia gay, incluida la tentación del suicidio.

Tormenta de verano, Marco Kreuzpaintner, 2004.

Tobi descubre que sus sentimientos por Achim exceden los de una profunda amistad. Sus dudas acerca de su orientación sexual se desvelarán en un campamento de verano en el que entrará en contacto con unos jóvenes gays. Amor, adolescencia, salida del armario, y aceptación, en un bellísimo relato juvenil.

El último suspiro, Léa Pool, 2001.

Los amores de dos chicas en un internado terminan en tragedia al no ser una de ellas capaz de asumir su lesbianismo.

La verdadera historia de Jane, Lee Rose, 2000.
Película para televisión que cuenta el difícil proceso de aceptación que debe vivir una madre al descubrir que su hija adolescente es lesbiana.

Soy lesbiana, soy gay, ¿dónde puedo ir ahora?

Evidentemente, podemos ir a todas partes. Eso del gueto son cuentos chinos. Ser lesbiana o gay no condiciona más allá de lo que nos queramos sentir condicionados. Otra cosa es que, evidentemente, en ocasiones nos apetece acudir a sitios donde vamos a encontrarnos con otras lesbianas y otros gays o bisexuales, para intercambiar opiniones y experiencias, para ver si ligamos un poquillo o si encontramos a nuestra media naranja (si es que creemos en las medias naranjas). Incluso cuando toda la sociedad haya asumido completamente las múltiples variantes existentes respecto al amor y al sexo, cuando podamos expresarnos sin ningún miedo ni problemas, seguirá habiendo lugares de ambiente, del mismo modo que hay espacios para los amantes del montañismo, del ajedrez o de la costura. No hay que limitarse, pero está muy bien tener unos lugares donde encontrar referentes, donde poder aprender más sobre nosotros mismos o donde, si se da el caso, poder desahogarnos con absoluta libertad.

Muchos adolescentes LGTB se quejan de que no hay muchos sitios a donde puedan acudir para conocer a otros jóvenes como ellos y compartir experiencias, dudas, preguntas, confidencias... En este capítulo vamos a darte unas cuantas pistas para que puedas manejarte con un poco más de soltura a la hora de elegir los lugares donde acudir.

En primer lugar, ya lo hemos dicho antes, ser homosexual o transexual no significa que haya que dejar de ir a los mismos sitios a los que va el resto de tus amigos. Pero tampoco pasa nada porque de cuando en cuando busques esos espacios específicos. Al fin y al cabo, la identidad de una persona se compone de un montón de facetas. Tan malo es dedicarse a una sola de ellas como no prestarles ninguna atención a otras.

La mayor parte del ocio LGTB se produce en torno a bares y discotecas. Eso, según la edad que tengas, te puede suponer un problema. Si eres menor de 18 años no vas a poder entrar, por lo que esa puerta está cerrada. Y si eres mayor, puede ser que no te apetezca (ya sea por timidez o por cualquier otro motivo) acercarte allí a conocer gente. De modo que vamos a empezar por hablarte de otro tipo de espacios donde desarrollarte socialmente.

Pon una asociación en tu vida

Las asociaciones o colectivos LGTB juegan un papel fundamental en la vida de los homosexuales, bisexuales y transexuales. No sólo porque gracias a sus reivindicaciones y su lucha política se ha llegado a conseguir una igualdad plena en las leyes. También porque ofrecen un amplio abanico de posibilidades para acercarse a otras personas LGTB y que, además, compartan algunas de tus aficiones.

El único problema que existe es que, desgraciadamente, todavía no están implantadas en todas las ciudades. Pero cada vez hay más y más diversas. No te creas que sus miembros sólo se juntan para mantener sesudas reuniones donde debatir los grandes temas. No. Algunos tienen grupos de deportes, de excursiones, salidas al cine o al teatro, a cenar, coros, grupos de arte dramático, etc. Y, sobre todo, tienen grupos de jóvenes, donde puedes sentirte más a tus anchas, entre chicas y chicos de tu edad. Busca un poquito y seguro que encuentras algo relativamente cerca y que se adapte a tus necesidades y preferencias.

Si no existen colectivos cerca de donde vives, o si todavía no te atreves a dar el salto de pasarte por allí (todos hemos sufrido el miedo a «y si alguien me ve entrar» o «y una vez dentro, ¿qué les digo?»), al menos llama por teléfono. Es un primer contacto y seguro que te va a gustar mantener una conversación telefónica con alguien a quien poderle contar todas tus preocupaciones, lo que te agobia, lo que te ilusiona. De verdad, hazme caso y no te cortes. Muchas asociaciones tienen teléfonos de atención. Y no te creas que están sólo para responder preguntas —que también—; están para escuchar, para servir de apoyo, para que algunas personas puedan sentirse más acompañadas sabiendo que hay alguien allí. Esas asociaciones, esos teléfonos, están pensados para ti: para que tú los utilices cuando quieras y según tus intereses y necesidades.

Grupos de jóvenes

En la mayoría de las provincias, insistimos, ya hay un colectivo LGTB. Y muchos de ellos tienen grupos de jóvenes. ¿Que qué hacen estos grupos? Pues quedan para realizar una serie de actividades que pasan por ir al cine, ver alguna película de vídeo, organizar juegos, tertulias, salir a cenar, celebrar fiestas, etc. Todo lo que se te ocurra, todo lo que te apetezca compartir, puedes proponerlo y realizarlo.

Claro que es posible que te dé mucho corte presentarte allí de buenas a primeras. A todos nos ha pasado, porque no conocemos a nadie, no sabemos lo que nos vamos a encontrar. Todo eso es normal, pero no te lo plantees mucho, supera cuanto antes esa vergüenza. Casi todos los grupos tienen alguna persona encargada de la recepción de los nuevos visitantes. De modo que te lo harán muy fácil, te explicarán todo lo que el grupo te puede ofrecer, su funcionamiento, atenderán tus dudas y preguntas, te presentarán a gente. Piensa que una vez que superes estos comienzos, vas a encontrarte en un espacio donde vas a poder conocer a montones de chicos y chicas como tú. No te lo pienses demasiado.

Grupos de deportes

Son algo similar a los grupos de jóvenes, pero para amantes de los deportes. Si te encuentras entre ellos, llama a alguno. No están tan extendidos como los grupos de jóvenes, pero ya hay unos cuantos en las ciudades más grandes. Hay grupos de fútbol, de baloncesto, de natación, de voleibol, de atletismo, etc. Además, tienen la ventaja de que tú allí acudes para realizar una actividad que te permite integrarte con facilidad. Si eres tímido, a lo mejor te cuesta más hablar con tus compañeros, pero al menos mientras tanto harás ejercicio.

Cuando lleves un tiempo, además, podrás participar en competiciones nacionales o internacionales y hacer amigos en todas las partes del mundo.

Grupos de amistad gay-heterosexual

De momento, sólo existen en EE.UU., pero tal vez sería una buena idea empezar a importarlos en España. Se trata de clubes donde se juntan jóvenes de cualquier orientación sexual para hablar de estos temas: discriminación, cómo combatirla, cómo conocernos mejor los unos a los otros, cómo aprender a encontrar los muchos puntos comunes entre las pequeñas diferencias... En EE.UU., se organizan en los institutos. Aquí se podrían hacer en cualquier parte, desde el instituto a los *scouts*. Lanzamos aquí esta idea para los jóvenes con iniciativa y energía.

Por cierto, volviendo al mito del gueto: todas estas propuestas no son exclusivas. Si tienes algún amigo o amiga que es hetero pero al que le apetece acompañarte, será sin duda bienvenido. No serás el primero ni el último en acudir a un grupo de jóvenes con tu amiga heterosexual (suelen ser las amigas quienes dan con más facilidad este paso).

Al final de este libro tienes un anexo con la mayor parte de los colectivos LGTB de España. Busca el que tengas más a mano y conócelo.

¿Qué ofrece el ambiente a los jóvenes?

Como te decimos, el ambiente comercial tal vez no es lo más adecuado para determinadas edades, pero cuando quieras y puedas conocerlo, no te resultará complicado localizarlo. Llama a cualquier teléfono de información de un colectivo y te contarán lo que puedes encontrar en cualquier lugar del mundo, los locales que más se adecuan a tus gustos y sus características.

Cafés, bares, restaurantes, discotecas... Los hay para todos los gustos: tranquilos para charlar un rato, con música altísima para bailar hasta cansarse, diurnos, nocturnos, *after-hours*... Lo único que tienes que tener en cuenta es tu edad. Eso te va a limitar bastante. Si no tienes edad todavía para acudir a estos lugares, no te impacientes, todo llegará. Por suerte, en muchas ciudades, los colectivos LGTB ya están aportando una serie de alternativas al ambiente comercial, que con frecuencia olvida al público más joven y que resulta bastante caro.

Y si todo lo dicho anteriormente sigue sin solucionarte los problemas para relacionarte en vivo y en directo (por tu carácter o porque quizás vives en un lugar donde no hay espacios específicos para LGTB), siempre nos quedará internet.

Ser de pueblo o de ciudad, del norte o del sur, de la costa o del interior, para algunas cosas, cada vez tiene menos importancia. Todo lo que hemos hablado sobre la necesidad de comunicarse, de expresar los sentimientos y de no guardarse los pensamientos y las sensaciones que tenemos ganas de gritar a los siete vientos cobra una nueva dimensión desde la existencia de la red de redes: internet.

Por suerte, todos los jóvenes de ahora sabéis manejaros como pez en el agua por ella. Y en ella está todo, o casi todo, si se sabe buscar. Pero, ojo, tampoco internet es la solución a todos los problemas, y en ella no es oro todo lo que reluce.

Los riesgos de internet

Si eres tímido o te cuesta establecer contactos amistosos, internet te allana el camino. Puedes lanzarte y ser el más atrevido del mundo. Claro, el riesgo es cero, porque tú eres quien controla el cómo y el cuándo en todo momento. Puedes implicarte todo lo que quieras sin arriesgar mucho, ¿verdad? Esto puede estar muy bien... usándolo con moderación. Quiero decir, que buscando por allí puedes encontrar a montones de chicos y chicas gays, lesbianas o bisexuales, o heterosexuales majos a los que les apetece tener amigos LGTB. Puedes compartir con ellos un montón de cosas. Incluso puedes enamorarte.

Pero si te quedas en eso, también puede ser negativo. Porque la relación interpersonal directa no tiene sustitución. El calor humano que se expresa en el tú a tú no lo posee una relación virtual. Así que vete pensando que, tarde o temprano, hay que dar la cara, salir al mundo y afrontar sus problemas (que no son tantos, no hay que exagerar). Si no, la facilidad para comunicarse a través del ordenador puede convertirse en una prisión. Muy confortable, pero prisión al fin y al cabo. Atrévete y da el paso de conocer en persona a aquellos amigos que hayas hecho por internet.

Pero con cuidado. Ten en cuenta que otra de las características de la red es que es el mundo ideal de los mentirosos compulsivos. Allí dentro hay algunos que mienten como bellacos. ¿Quién te dice a ti que esa dulce amiga de 15 años no es en realidad un señor director de banco de 60? Igual la foto que te ha enviado es la de su nieta.

Cuando quedes con alguien a quien has conocido por internet, que la primera cita sea en un lugar público. Esto es difícil si vives en un sitio pequeño y lo que quieres es privacidad, pero encontrándote con esa persona en un lugar con gente tienes la oportunidad de confirmar que todo lo que sabes de ella por la pantalla del ordenador se corresponde exactamente con lo que puede ofrecer la realidad.

Además, sería importante que informaras a alguien de confianza de tu cita (nuevamente volvemos a lo fundamental, que es que cuentes con algún cómplice), que sepa dónde has quedado y el resto de datos que conozcas de tu cita. Alguien que te pueda llamar para ver qué tal va y a quien puedas telefonear si la cosa no ha ido tan bien como esperabas.

No es necesario que te vuelvas un desconfiado enfermizo, pero sí que uses la inteligencia y la prudencia. Hay que lanzarse al agua, pero también es conveniente saber guardar la ropa. Ir dando pasos poco a poco no te va a hacer perder oportunidades y te puede evitar algún disgusto. No te ilusiones tampoco en exceso con las relaciones virtuales y con tus primeras citas. Reflexiona y piensa que, en realidad, lo que sabes —lo que verdaderamente sabes— de esa persona con la que has contactado es muy poco, sólo lo que ella te ha querido transmitir. Así que, lo dicho, con ilusión, pero con prudencia.

Sé que los consejos que aparecen en este capítulo pueden parecer contradictorios, pero es que en el término medio suele estar la solución a los problemas. De modo que, resumiendo: no te quedes enredado en la red, úsala como herramienta; y, al usarla, ten en cuenta los riesgos que encierra.

Por lo demás, internet te permite disponer de toda la información que necesitas y te da la oportunidad de descubrir que por raro y original que te creas, no lo eres tanto. Encontrarás a muchos más como tú en todas las partes del mundo. Quizás mucho más cerca de lo que imaginabas.

PARA ENTENDERNOS: VOCABULARIO QUE DEBEMOS CONTROLAR[1]

Los seres humanos pensamos con palabras. Si las controlamos, tenemos todo el poder de nuestro lado. Si las ignoramos, estamos perdidos. Por eso, es importantísimo que tengamos claros algunos conceptos. Casi todos los términos que te ofrezco ya han ido saliendo a lo largo del libro, pero, por si tienes dudas, aquí va un pequeño diccionario LGTB.

Bisexual: Persona que, indistintamente, siente atracción afectiva y sexual por hombres y por mujeres. Esto no quiere decir que desee a todo el mundo, sino que en un momento puede experimentar deseo o amor por un hombre y, en otro, por una mujer. Aunque a veces haya bromitas con los bisexuales, un poquito de respeto, existen de verdad.

Entender: Sentir atracción afectiva y sexual hacia personas del mismo sexo.

---

1. Nota del Autor: este vocabulario está sacado, con ligeras variaciones, de la investigación *Homofobia en el Sistema Educativo*, de la Comisión de Educación de COGAM. Se puede consultar en www.cogam.org.

Familia homoparental: Familia formada por una pareja de hombres o de mujeres y sus hijos.

Gay: Hombre homosexual.

Género: Se trata de la interpretación que da la sociedad a las diferencias biológicas entre hombres y mujeres, de modo que se establecen comportamientos, actitudes y sentimientos que se denominan masculinos o femeninos. El género varía según las épocas y las sociedades. Así, por ejemplo, usar falda se considera algo exclusivamente femenino en España pero no en otros países.

Heterosexismo o heteronormatividad: Ideología dominante en nuestra sociedad por la cual se piensa que las relaciones heterosexuales son la norma, el patrón a seguir. Un ejemplo muy ilustrativo de esto sería la utilización de la expresión «de la acera de enfrente» para referirse a las lesbianas y los gays, excluyéndonos así del grupo de los que van por el camino correcto.

Heterosexual: Persona que siente atracción afectiva y sexual hacia personas del sexo opuesto.

Homofobia: Aversión, rechazo o temor, que puede llegar a lo enfermizo, a lesbianas, gays y bisexuales, a la homosexualidad o a sus manifestaciones. La homofobia está relacionada con el rechazo general que se tiene a los grupos minoritarios.

Homosexual: Persona que siente atracción afectiva y sexual hacia personas de su mismo sexo. Esto es, una mujer que se siente atraída por mujeres (lesbiana), o un hombre que siente atracción por los hombres (gay).

Identidad de género: Sentimiento psicológico de ser hombre o mujer. En el caso de las personas transexuales, la identidad de género no concuerda con el sexo biológico.

Lesbiana: Mujer homosexual.

Lesbofobia: Término específico con el que se conoce el miedo o rechazo a las lesbianas. Las mujeres lesbianas viven la homosexualidad de una manera diferente a como la viven los hombres gays; por eso, la lesbofobia tiene unas características especiales que incluyen, por ejemplo, un mayor ocultamiento e ignorancia de la existencia de lo lésbico.

LGTB: Siglas que identifican al colectivo de personas lesbianas, gays, transexuales y bisexuales.

Orientación sexual: Es, según la Asociación Americana de Psicología (APA), la atracción duradera hacia otra persona. Atracción que incluye lo emotivo, lo romántico, lo sexual, lo afectivo. El término hace, por tanto, referencia a los sentimientos de una persona y al objeto hacia el que están enfocados esos deseos. Es fácil diferenciar la orientación sexual del sexo biológico (definido por genitales, gónadas, cromosomas, hormonas), la identidad de género y las prácticas (o conductas) sexuales.

Pluma: Amaneramiento tanto en hombres como en mujeres. Cuando se refiere a hombres, serían los gestos que se relacionan tradicionalmente con lo femenino, y en mujeres los gestos y actitudes que generalmente entendemos como masculinos.

Plumofobia: Rechazo de la «pluma». Este rechazo a veces se produce dentro de los propios gays y las lesbianas. Debemos siempre pensar que no es justo reclamar que nos acepten como somos y no aceptar a otros como son.

Práctica (o conducta) sexual: Los besos, las caricias, la masturbación, la penetración, el sexo oral, etc., son prácticas sexuales. También lo es el travestismo. Hay prácticas que se asocian a una determinada orientación sexual pero es importante aclarar que no existe una correspondencia necesaria entre sexo biológico, prácticas sexuales y orientación sexual. Las personas se sienten heterosexuales, homosexuales o bisexuales sin necesidad de haber tenido nunca una relación sexual. Por ejemplo, se puede considerar a una persona heterosexual aunque nunca haya tenido una relación sexual con una persona del sexo contrario. Todo esto hay que tenerlo más en cuenta todavía si cabe en el caso de la homosexualidad, debido a las trabas sociales que aún existen para su expresión.

Salir del armario: Revelar públicamente la orientación gay, lesbiana o bisexual de uno mismo. Este proceso está marcado por un fuerte temor al rechazo. Es por ello que, normalmente, primero se sale del armario en el círculo de amigos y luego en la familia y en el ámbito laboral, por lo que se puede estar a un mismo tiempo «dentro del armario» para unas personas y «fuera del armario» para otras. Ha de entenderse la «salida del armario» en relación a la tendencia deseable y natural de compartir información personal con la gente de su entorno.

Transfobia: Aversión, rechazo o temor a las personas transexuales, a la transexualidad o a sus manifestaciones. Incluso dentro del colectivo homosexual existe todavía un gran rechazo hacia esta población, que, por otra parte, ha sido la que, en momentos de mucha represión, más ha dado la cara por las libertades de todos y todas.

Transexual: Persona que nace con el sexo biológico de un género con el que no se siente identificada. Por ejemplo, una persona que nace con genitales y características físicas de varón pero que psicológicamente se siente mujer, o a la inversa. Es importante diferenciar la orientación sexual de la identidad de género. La mayoría de las lesbianas y los gays no sentimos deseo de reasignar nuestro sexo, y las personas transexuales pueden ser, a su vez, tanto heterosexuales como homosexuales o bisexuales. Aunque esto suene un poco a lío, debemos intentar ser respetuosos: se debe utilizar el destino y no el origen para definir al transexual, siendo Masculino si la transformación es de mujer a hombre, o Femenino si es de hombre a mujer. El proceso mediante el cual se rectifica el sexo con el que se ha nacido se conoce como reasignación sexual (y no cambio de sexo).

Aquí te ofrecemos una serie de direcciones y teléfonos que te pueden ser útiles para realizar cualquier tipo de consulta, conocer a chicos y chicas como tú, encontrar espacios donde realizar determinadas actividades o conseguir la ayuda que puedas necesitar. Si no encuentras en esta lista un colectivo en el lugar donde vives, no dudes en ponerte en contacto con el más cercano. Allí te informarán de las posibilidades que tienes a tu alcance.

Además de los colectivos, incluimos las direcciones de los programas de atención a homosexuales, bisexuales y transexuales existentes. Aquí encontrarás ayuda gratuita de profesionales. Si tienes alguna vez algún problema serio a causa de la homofobia o la transfobia, ya sea en el instituto, en tu casa o en cualquier lugar, no dudes en acudir a ellos, allí te asesorarán sobre tus derechos y la mejor manera de solucionar ese conflicto.

Por último, te proponemos una serie de páginas web destinadas a jóvenes LGTB.

Colectivos LGTB

● ANDALUCÍA ●

Almería
COGAL, Colectivo Gay de Almería
Plaza Cantares, 3. Apdo. Correos 513. 04080 Almería

Cádiz
ARCADIA, Colectivo de gays, lesbianas, transexuales y bisexuales de Cádiz
C/ Cervantes, 19, bajo. 11003 Cádiz.
Tel.: 956 222 100
arcadia.cadiz@terra.es
http://www.redasociativa.org/arcadia/cadiz

JERESLESGAY, Asociación de lesbianas, gays, transexuales y bisexuales de Jerez
C/ Tío Juane, local 3 y 4 Estancia Barrera
11401 Jerez de la Frontera. Cádiz
Tel.: 696 917 832
jerelesgay@felgt.org
http://jerelesgay.patalata.net

Granada
NOS, Asociación Andaluza de Gais, Lesbianas y Bisexuales
C/ Lavadero de Tablas, 15. 18002 Granada
Tel.: 958 200 602
nos@asociacionnos.org
http://www.asociacionnos.org

JAÉN
Arco Iris, Asociación de gays y lesbianas de Linares
Apdo. Correos 49. 23700 Linares. Jaén

MÁLAGA
OJALÁ, Grupo Gay-Lésbico de Málaga
C/ Cruz Verde, 16, Bajo. 29013 Málaga.
Tel.: 952 652 547
entiendes_ojala@hotmail.com
http://www.ojalamalaga.com

SEVILLA
Asociación de Lesbianas de Andalucía (ALA) / ENTIENDES, Colectivo Andaluz de Jóvenes G-L
C/ Navarros, 11. 41003 Sevilla.
Tel.: 954 541 865
a_lesbianas@teleline.es

● ARAGÓN ●

ZARAGOZA
Colectivo Towanda
C/ Liñan, 8 local. 50001 Zaragoza.
Tel.: 625 969 084
colectivotowanda@yahoo.es
www.towanda.es

● ASTURIAS ●

XEGA, Xente Gai Astur
Avda. Pablo Iglesias, 83, Entresuelo dcha. 33204 Gijón.
Tel.: 985 373 321 / 985 224 029
C/ Gascona 12-3º. 33001 Oviedo.
Tel.: 985 224 029
asociacion@xega.org
http://www.xega.org

● CANTABRIA ●

ALEGA, Asociación de Lesbianas, Gais, Bisexuales y Transexuales de Cantabria
C/ Rampa de Sotileza 8, entlo izq. oficina 1.
39002 Santander.
Tel.: 942 214 049
alega@felgt.org
http://www.alega.org/

● CASTILLA-LA MANCHA ●

ALBACETE

ALVAS - Asociación por la Libertad de Vida Afectivo-Sexual
C/ Tetuán, 8 (Centro Juventud). 02002 Albacete.
Tel.: 967 508 860
alvashomosexo@mixmail.com

CIUDAD REAL

AMHO - Amigos de los Homosexuales
C/ Pintor Torres López, 19, 2D.
13700 Tomelloso. Ciudad Real.

Asociación Arca de Noé, Colectivo de gays y lesbianas de Ciudad Real
ciudadrealgay@yahoo.es
http://perso.wanadoo.es/e/arcadenoecr/principal.htm

TOLEDO

BOLOBOLO, Colectivo de Lesbianas y Gays de Toledo
Plaza de Aquisgrán, s/n (Centro Cívico de Palomarejos).
45005 Toledo
Tel. / fax : 925 221 234 / 699 541 410
colectivo@bolobolo.org

● CASTILLA Y LEÓN ●

BURGOS

KGLB, Kolectivo de Gais y Lesbianas de Burgos
C/ Barrio de la Inmaculada J 2-3 bajos.
09007 Burgos

LEÓN

COGALE, Colectivo LGTB de León
C/ Los Campos Góticos, 2
(Colegio de Huérfanos Ferroviarios). 24080 León

117

Tel.: 699 141 795
cogale@felgt.org
http://www.cogale.org

SALAMANCA
Iguales, Unión Pro-Derechos de Gais, Lesbianas, Bisexuales y Transexuales de Castilla-León
Tel.: 629 379 167
iguales@felgt.org
http://pagina.de/iguales

VALLADOLID
ALEGAVA, Asociación de Lesbianas y Gays de Valladolid
Pza. Carmen Ferreiro, 3, aula 19.
47011 Valladolid.
Tel.: 646 94 10 32
alegava@felgt.org
http://www.alegava.tk/

ZAMORA
Sonríe Tú
C/ Santa Clara, 5, 1º Derecha. 49003 Zamora.
Tel.: 607 545 055
sonrietu@felgt.org

CATALUÑA

BARCELONA
Asociación de Padres y Madres de Gays y Lesbianas
C/ Verdaguer i Callís, 10. 08003 Barcelona.
Tel.: 933 195 550 / 656 433 624
ampgil@ampgil.org

Casal Lambda
C/ Verdaguer i Callís,10. 08003 Barcelona.
Tel.: 933 195 550
info@lambdaweb.org
http://www.lambdaweb.org

Casal Lambda (Bages)
C/ Escodines, 20 (Local UNESCO).
08240 Manresa. Barcelona.
Tel.: 938 750 532
bages@lambdaweb.org
http://www.lambdaweb.org

CGB, Col·lectiu Gai de Barcelona
Pge. Valeri Serra, 23. 08011 Barcelona.
Tel.: 934 534 125
cgb@colectiugai.org
http://www.colectiugai.org/

CGL, Coordinadora Gai-Lesbiana de Catalunya
C/ Finlàndia, 45, 1º. 08014 Barcelona.
Tel.: 932 980 029
Tel. Información (InfoRosa) 900 601 601

cogailes@cogailes.org
e-ros@cogailes.org
http://www.cogailes.org/

Gais i Lesbianes de l'Hospitalet
Ronda de la Torrassa, 105, 3º.
08903 L'Hospitalet de Llobregat. Barcelona.
Tel.: 934 219 310
glhospi@hotmail.com
http://www.geocities.com/glhospi/

JALG, Joves per a l'Alliberament Lèsbic i Gai
Edifici d'Estudiants de la UAB de Lletres, Despatx R-122.
08193 Bellaterra - Cerdanyola del Vallès. Barcelona.
Tel.: 935 812 559
jalg@uab.es
jalg.uab@gmail.com
http://tau.uab.es/associacions/jalg/
http://jalg.ya.st

Club Esportiu Les Panteres Grogues (Grupo de deporte para Gays y Lesbianas)
info@panteresgrogues.org
www.panteresgrogues.org

FAGC (Girona), Front d'Alliberament Gai de Catalunya
C/ Nou, 8, escala esquerra, 3º-4ª. 17001 Girona.
Tel.: 972 220 317
fagc@pangea.org
http://www.pangea.org/org/fagc

LÉRIDA
EAGLE, Espai Acció Gai-Lesbià de Lleida i Entorn
Rambla Ferran, 22, 3º-2ª. 25007 Lleida.
Tel.: 973 231 609
eloim@hotmail.com
http://www.astrea.es/ong/eagle

TARRAGONA
Tarragona entén
C/ Pons d'Icart, s/n (Hotel d'Entitats de Tarragona)
6ª «La Pedrera», Despatx 15.
43004 Tarragona.
Tel.: 977 252 432

H2O, Col·lectiu Gai, Lesbià, Bisexual i Transsexual del Camp de Tarragona
Av. Carrilet, 29. 43205 Reus. Tarragona.
Tel.: 645 312 712
info@h2oweb.org
http://www.h2oweb.org/

● MELILLA ●

AMLEGA, Asociación Melillense de Lesbianas, Gays, Transexuales y Bisexuales
Apdo. de Correos 525. 52000 Melilla.
amlega@felgt.org

COMUNIDAD VALENCIANA

ALICANTE

DecideT, Asociación de Lesbianas, Gays, Bisexuales y Transexuales de Alicante

C/ Labradores, 14, 3ª planta. 03002 Alicante.
Tel.: 678 708 730
info@decidet.org
www.decidet.org

CASTELLÓN

La Lluna, Col·lectiu de Lesbianes

C/ Herrero 25, 1º (Casa de la dona). 12005 Castellón.
Tel.: 964 218 589

VALENCIA

Col·lectiu Lambda de Lesbianes, Gais y Transexuals de Valencia

C/ Sant Dionís, 8, 1º. 46003 Valencia.
Tel.: 963 912 084
Tel. InfoRosa: 963 913 238
info@lambdavalencia.org
http://www.lambdavalencia.org/

GAILES

C/ Rei Jaume, 3. 46600 Alzira.
Tel.: 610 955 647
gailes@hotmail.com

EXTREMADURA

BADAJOZ

Fundación Triángulo.
C/ Arco-agüero, 20. 06002 Badajoz.
extremadura@fundaciontriangulo.es
http://www.fundaciontriangulo.es

GALICIA

LA CORUÑA

CGC - Colectivo Gai de Compostela
C/ Entremuros, 16, Bajo.
15704 Santiago de Compostela.
Tel.: 616 132 211
gaicompos@hotmail.com
http://www.geocities.com/WestHollywood/9463/

BOGA, Colectivo de Lesbianas de Galicia
Tel.: 666 681 112
lesbicompos@hotmail.com

PONTEVEDRA

LEGAIS Colectivo de lesbianas y gays de Vigo
Rúa Real, 4 – 1º Izq. 36201 Vigo.
Tel.: 630 061 399
legais@pagina.de
www.legais.org

● ISLAS BALEARES ●

BALEARES

Ben Amics
C/ Conquistador, 2, principal.
07001 Palma de Mallorca.
Tel.: 971 715 670
benamics@benamics.com
http://www.benamics.com/

Activa Joven, Colectivo de gais y lesbianas
C/ Misión, 1, entresuelo. 07003 Palma de Mallorca
Tel.: 971 725 456
siopj@a-palma.es

Arco Iris – Grupo de Lesbianas de Baleares
C/ Rosa, 3 – 1º, 07003 Palma de Mallorca.
Tel.: 971 227 282 / 971 246 431
Arco_irispm@yahoo.es
www.arcoiris-lesbos.com

Colectivo gay, lésbico y transexual de Ibiza y Formentera
C/ Madrid, 52 B. 07800 Ibiza.
Tel.: 971 192 421
cgli@tgli.org
www.tgli.org

▬ ISLAS CANARIAS ▬

LAS PALMAS

GAMÁ, Colectivo gai y lésbico de Las Palmas de Gran Canaria
C/ Buenos Aires, 53, bajos.
35002 Las Palmas de Gran Canaria. Las Palmas.
Tel.: 928 433 427
gama@colectivogama.com
http://www.colectivogama.com/

LANZAROTE

Colectivo de Gais y Lesbianas de Lanzarote
C/ Canalejas, 2, 3º I.
35500 Arrecife. Lanzarote. Las Palmas.
Tel.: 619 039 700

TENERIFE

Algarabía - Colectivo gay de Tenerife
Tel.: 696 93 38 25 (Pancho)
algarabiatfe@hotmail.com

FUERTEVENTURA

ALTIHAY
C/ D. Quijote, 3. 35600 Fuerteventura. Las Palmas.
Tel.: 928 859 358
altihay@felgt.org

● **MADRID** ●

AET Transexualia (Asociación Española de Transexuales)
C/ Barquillo, 44, 2º-Izda. 28004 Madrid.
Tel.: 616 601 510
transexualia@felgt.org
web@transexualia.org
http://www.transexualia.org/

COGAM, Colectivo de Gays y Lesbianas de Madrid
C/ Puebla, 9, Bajo.
28004 Madrid.
Tel.: 915 224 517
Gay-inform / Línea Lesbos: 915 230 070
cogam@ctv.es
http://www.cogam.org/

Fundación Triángulo
C/ Eloy Gonzalo, 25. 28010 Madrid.
Información Lesgai: 914 466 394
correo@fundaciontriangulo.es
http://www.fundaciontriangulo.es

Guirigay, Colectivo de Gays y Lesbianas de Coslada y San Fernando
C/ Manuel Azaña, s/n (Centro Cívico "El Cerro").
28820 Coslada. Madrid.
Tel.: 916 693 833
info@guirigay.org
http://www.guirigay.org/

Halegatos, Club Deportivo Básico Alegatos, Madrid
Tel.: 628 71 69 12 / 13
halegatos@halegatos.com
http://www.halegatos.com/

RQTR, Asociación de Lesbianas, Gays, Transexuales y Bisexuales de la UCM
Campus de Somosaguas
(Fac. CC. Políticas y Sociología UCM.)
28223 Pozuelo de Alarcón. Madrid.
Tel.: 913 942 828
rqtr@cps.ucm.es
http://www.rqtr.org

⬤ MURCIA ⬤

No Te Prives, Colectivo de Gays y Lesbianas de Murcia
Plaza Yesqueros, s/n (Centro Cultural Yesqueros).
Tel.: 968 295 484
cnoteprives@yahoo.es
http://www.noteprives.es

PECAMINATA, Asociación juvenil LGTB
Tel.: 968 20 52 00
info@pecaminata.org

IN COMPLEJOS

● NAVARRA ●

Lumatza Lesbianen Taldea
C/ Marcos Goñi, s/n. 31015 Iruña - Pamplona.

● LA RIOJA ●

GYLDA, Gays y Lesbianas de Aquí (La Rioja)
C/ Huesca, 61, Bajo. 26005 Logroño.
Tel.: 941 226 762 / 627 700 103
gylda@felgt.org
gyldarioja@terra.es
http://www.gylda.org/

● PAÍS VASCO ●

ÁLAVA
GAYTASUNA, Colectivo Gay de Álava
C/ San Francisco, 2, 1º. 01001 Vitoria-Gasteiz.
Tel.: 945 257 766

ALA, Asamblea de Lesbianas de Álava
C/ Portal de Arriaga, 14, 2º dcha.
01012 Vitoria-Gasteiz.
Tel.: 945 281 842

GEHITU, Asociación de gays y lesbianas del País Vasco
C/ Arrasate 51, 3º dcha. 20005 San Sebastián.
Tel.: 943 468 516 / 900 200 096
infasis@gehitu.net
info@gehitu.net
http://www.gehitu.net/

EHGAM (Gipúzcoa), Movimiento de liberación Gay-Les del País Vasco
Paseo Anoeta – Craj. 20014 Donostia.
Tel.: 667 43 55 70 / 943 47 30 89
ehgam@yahoo.com
http://www.ehgam.org/

EHGAM (Bizkaia), Euskal Herriko Gay-Les Aska-penerako Mugimendua
C/ Escalinatas de Solokoetxe, s/n.
48005 Bilbao.
Tel.: 944 150 719 / 605 712 263
bizkaia@ehgam.org
www.ehgam.org

HEGOAK-ALDE, Asociación de gays, lesbianas, tran-sexuales y bisexuales de Euskadi
C/ Dos de Mayo, 7, Bajo Izq. 48003 Bilbao.
Tel.: 944 156 258 / 665 755 073
info@hegoak.com
http://www.hegoak.com/

Programas de Atención e Información

Programa de Atención a Homosexuales y Transexuales de la Comunidad de Madrid (Gestionado por COGAM). Ofrece un gabinete jurídico, psicológico, de trabajo social y de sensibilización. También tiene un centro de documentación, por si te apetece realizar algún trabajo para clase.
C/ Gran Vía, 16. Tel.: 917 010 788 / 900 720 569.

Gabinete Psicoeducativo de COGAM, para menores LGTB en situación de riesgo y sus familias. En este gabinete, que es completamente gratuito, tienes a profesionales de la psicología que te pueden asesorar o aconsejar si no llevas bien lo de ser LGTB, o si tienes dudas al respecto, o si quienes no lo llevan bien o tienen dudas son los que te rodean: padres, hermanos... Ponte en contacto con ellos si lo necesitas y, si es preciso, ve a visitarlos con tus padres o con quien quieras.
Información: Gay-Inform/Línea Lesbos 91 523 00 70

Énfasis (Vitoria). Servicio de información para lesbianas, gays y entorno.
C/ Zapatería, 39, bajo. 01001 Vitoria-Gasteiz.
Tel.: 945 25 70 77
enfasisvitoria@worldonline.es
www.vitoria-gasteiz.org/enfasis/

BERDINDU. Servicio de Atención a gays, lesbianas y transexuales del Gobierno Vasco.
C/ Gran Vía, 85, 6º. 48011 Bilbao.
Tel.: 900 840 011
berdindu@ej-gv.es

Defensorías del Menor. Se trata de unas oficinas que hay montadas en algunas comunidades autónomas para asegurar que no se cometa ninguna injusticia con ningún menor de edad. Entre los menores, por descontado, están los LGTB. De modo que si sufres algún tipo de acoso, malos tratos, agresiones, etc. no dudes en llamarles. Se harán cargo del problema inmediatamente.

De todos modos, si no vives cerca de ninguno de estos recursos, no te desanimes. Llama a cualquiera de ellos porque tal vez ya se haya creado alguno más cerca de tu casa. Los servicios sociales para población LGTB se están desarrollando a una gran velocidad.

Páginas web

No hay muchas páginas web pensadas para adolescentes LGTB, la verdad. Las que hay, tampoco son muy buenas, pero algo es algo, si te apetece darte una vuelta por ellas, tal vez puedas encontrar alguna información que en un momento dado te sea de utilidad. Algunos de los colectivos citados más arriba tienen grupos de jóvenes y

131

páginas con algunas informaciones de utilidad. Busca, compara...

www.eixir.com. Se trata de una web en catalán que gira en torno a la publicación de una guía para jóvenes LGTB. Además del carácter eminentemente comercial cuenta con algunas secciones que te pueden servir.

www.ambientejoven.org. Es un proyecto destinado a la población LGTB latina de EE.UU. y de la América de habla hispana. Fundamentalmente está dedicada a la salud, pero también tiene secciones de cultura general.

www.alterheros.com. Ésta es una web canadiense, así que te servirá, al menos, para practicar el francés o el inglés. Es bastante interesante, pero no te servirá para conocer jóvenes que vivan cerca de ti (a no ser que vivas en Canadá, claro).

www.inclou.org. En realidad es una página dedicada al mundo de la educación, no está pensada para jóvenes, pero evidentemente allí dentro hay muchos temas que te pueden interesar.

www.islaternura.com. Está en castellano y destinada directamente a jóvenes LGTB. Incluye algunos documentos de interés, pero supuestamente está limitada a mayores de edad, tal vez porque está ilustrada con fotos de chicos más o menos desnudos. Aunque su erotismo es más bien *light*, realmente es del todo innecesario para acompañar a la mayoría de sus secciones.

DESPEDIDA (POR EL MOMENTO)

Pues hasta aquí ha llegado todo lo que te queríamos contar. Espero que entre todo este montón de ideas, informaciones, sugerencias y datos hayas encontrado respuesta para la mayoría de tus preguntas. Sin embargo, nunca un libro va a conseguir abarcar la inmensa cantidad de situaciones que se le pueden dar a un ser humano. Por eso, si te ha quedado alguna cuestión en el aire, quieres ampliar algún tema, o, sencillamente, quieres seguir en contacto con la realidad homosexual, no dudes en aproximarte a las fuentes donde puedes conseguir esa información o ese apoyo: libros, películas, teléfonos de ayuda, colectivos...

Hemos introducido un capítulo destinado a teléfonos y direcciones de interés para jóvenes. Allí podrás encontrar la información más detallada que necesites, así como la conversación que te puede animar en un momento de bajón. Sobre todo, recuerda que está bien ser gay, lesbiana o bisexual. Que no hay nada en estas orientaciones que te impida hacer lo que te apetezca en la vida, ni que te dificulte el camino a la felicidad. Basta con que te lo creas así y con que encuentres gente con quien compartir esa creencia.

En España somos varios millones de lesbianas, gays y bisexuales y estamos por todas partes. Así que, por despistado que estés en esta cuestión, con la ayuda de esta guía vas a terminar por encontrar a unos o a otros.

Y si tú no necesitas esta guía porque ya lo tienes todo claro y no requieres ayuda, a lo mejor sí la precisa alguien de tu entorno. No sólo los gays y las lesbianas necesitamos saber sobre homosexualidad y entender a los homosexuales. Probablemente, en muchas ocasiones son algunos heterosexuales los que necesitan un poquito de información. Que les aproveche, pues, a ellos también este libro.

Así que a disfrutar y a quererse mucho, que quererse a uno mismo es el primer paso para ser felices. Hasta pronto.